LES EXCÈS
DE LA FINANCE

Carnets d'alerte

Dans une société où l'information est omniprésente, il est parfois difficile de s'y retrouver. Aucune vision globale, tout est divisé, les informations cruciales se retrouvent noyées, banalisées : difficile pour le citoyen de faire le tri.
Pierre Rabhi et Juliette Duquesne ont eu l'idée de réaliser des « carnets d'alerte » sur des thématiques capitales et globales dont les conséquences peuvent être graves pour l'humanité.
Cette collection propose d'alerter le lecteur sur des questions cruciales et d'une extrême gravité : la faim dans le monde, les semences et les OGM, la place de la finance, l'utilité ou non de la croissance... Autant d'enjeux qui nous concernent au plus haut point et requièrent toute notre attention. Comprendre ces problématiques doit contribuer à l'éveil des consciences.
Philosophe et paysan, Pierre Rabhi prend de la hauteur et donne un aspect poétique et analytique à ces sujets. Journaliste, Juliette Duquesne propose aux lecteurs d'avoir accès à une information synthétisée, aussi juste et précise que possible. Deux approches complémentaires.

PIERRE RABHI
JULIETTE DUQUESNE

LES EXCÈS DE LA FINANCE

ou l'art de la prédation légalisée

PRESSES DU CHÂTELET

Notre catalogue est consultable à l'adresse suivante :
www.pressesduchatelet.com

Presses du Châtelet
34, rue des Bourdonnais
75001 Paris.

ISBN 978-2-84592-725-4

Aux lectrices et aux lecteurs

Au point où je suis de mon itinéraire d'engagement actif en faveur de l'écologie, de la terre et de l'humanisme, j'éprouve le besoin de donner une plus large audience aux messages qu'un public ne cesse de valider par son adhésion. Pour ce faire, il nous a semblé que des livres simples et synthétiques seraient efficaces pour sensibiliser l'opinion à des problématiques de première importance.

D'aucuns savent que je suis, depuis plusieurs décennies, préoccupé par une évolution de la société dont il semble que le grand public ne mesure pas les enjeux et donc les graves conséquences qui en découlent déjà et menacent de s'amplifier considérablement. Cela pourrait peut-être s'expliquer par la grande dissension qui ne cesse de croître entre l'espèce humaine et la nature à laquelle nous devons tous la vie et la survie sans la moindre équivoque.

Il est bien entendu que je ne suis pas seul à m'interroger et à agir, et que la société civile recèle bien des initiatives porteuses d'espoirs qu'il faudrait célébrer et rendre tangibles. Si l'on voulait résumer les choses, on pourrait dire que la politique conventionnelle est condamnée à exercer une sorte d'acharnement thérapeutique sur un modèle moribond, tandis que la société civile, nécessité oblige, élabore et met à l'épreuve des faits bien des alternatives porteuses d'espoirs.

Rappeler que l'espèce humaine continue à avoir de grandes difficultés à évoluer positivement est une banalité. Il importe donc de le ressasser, jusqu'à ce que la conscience en prenne conscience. Malgré une meilleure connaissance de la planète-oasis qui nous héberge au cœur d'un désert sidéral infini, elle reste toujours ravalée à un gisement de ressources à épuiser sans modération, avec des iniquités et des disparités abyssales entre superrepus et affamés chroniques.

Les considérations liées à des questions de première importance sont devenues ordinaires. C'est la raison pour laquelle les ressasser est désormais un devoir, avec l'espoir qu'elles puissent enfin être entendues et comprises, pour susciter un art de vivre où la raison et l'entendement seraient enfin au service d'une intelligence suprême et généreuse, à savoir la lucidité.

Par ailleurs, il semble que l'immense danger qui menace notre devenir, dû à nos transgressions, ne soit pas estimé à sa juste mesure. Le symbole du *Titanic* vient à l'esprit, avec une différence de taille cependant. La planète Terre, pour très longtemps encore, demeure insubmersible, tandis que l'espèce humaine prend de plus en plus un caractère contingent et agit au risque de provoquer son propre naufrage !

Un manque chronique de compréhension des problématiques les plus décisives pour notre avenir nous met en danger. On dit que l'excès d'informations tue l'information. Nous pouvons en faire le constat, puisque les questions les plus déterminantes pour l'avenir restent ignorées ou mal comprises par le grand public. Cette ignorance empêche de prendre les décisions et les résolutions fortes pour éviter d'aller « dans le mur ». Cela est d'autant plus dangereux que l'histoire contemporaine est désormais mondialisée.

Il est étonnant que l'écologie, qui concerne chacune et chacun d'entre nous, sans exception aucune, soit traitée comme une question subsidiaire. Les grand-messes internationales comme la COP21 continuent à illusionner l'opinion en la détournant d'une logique mondiale meurtrière (la mondialisation étant une guerre économique réelle et destructrice). Dans ce contexte, la pulsion de l'accaparement et de la prédation du bien commun se trouve légitimée. La souveraineté absolue de la finance autorise de nombreux arbitraires dans le vivre-ensemble global.

Ces carnets sont destinés, si nous y parvenons, à faire émerger de l'inefficace excès d'informations ce que tout citoyen devrait connaître absolument. Cette connaissance a trait à des sujets déterminants pour la vie présente et l'avenir. Destinés à alerter l'opinion, ces livres inviteront les lecteurs qui le souhaitent à approfondir le sujet grâce à une bibliographie en fin de volume (voir p. 195). Leur objectif et leur finalité ne sont pas de traiter de façon exhaustive les problématiques concernant la société contemporaine : ce serait trop ambitieux. Ils sont destinés à clarifier la complexité de ce qui sous-tend et détermine l'ordre ou le désordre du monde et par conséquent le vivre-ensemble de l'espèce humaine. Tenter en toute modestie, de la façon la plus simple et synthétique, d'attirer l'attention des personnes qui en ont le souci sur les dérives préjudiciables à la continuité de l'histoire.

« Nous ne savons pas où nous allons, mais nous y allons », disait Pierre Fournier. À bien y réfléchir, la formule nous apparaît de plus en plus pertinente. Il se trouve que de nombreux spécialistes ont acquis des connaissances très approfondies par leurs travaux et leurs passions. Ces « carnets d'alerte » pourraient les désigner, les faire connaître et contribuer à révéler leurs travaux et leurs compétences spécifiques. Relier les personnes qui en ont le désir à des compétences et à des savoirs est indispensable dans le contexte d'un encyclopédisme stérile qui se révèle inefficace.

Dans chaque carnet, je tenterai en introduction de situer la problématique dans un contexte aussi large que possible, contribuant ainsi à préparer le lecteur aux enquêtes de Juliette Duquesne, dont les interventions sur TF1, durant une dizaine d'années, ont manifesté la compétence. Pour compléter cette réflexion, je répondrai à quelques interrogations en fin d'ouvrage.

Pierre Rabhi

Science économique ou art de la prédation légalisée ?

La nécessité de clarifier cette question m'apparaît depuis longtemps comme un préalable à la compréhension de ce que nous appelons économie.

Le vocable « économie » fait partie de ce qui, aujourd'hui, plus qu'en tout autre époque de notre histoire, résonne fortement dans la psyché. Il hante l'inconscient collectif comme un fantôme dans le labyrinthe archaïque de l'histoire humaine. La planète en est tout entière animée, mais surtout convulsée. L'économie est probablement la cause de cette épilepsie qui tient lieu de relations financières et marchandes.

La « pseudo-économie » est érigée en science, enseignée dans les écoles et les universités. Elle est comme ce souffle dont on ne sait ni d'où il vient, ni où il va. Elle produit une sorte de climat général, tangible et intangible, et provoque cette étrange sensation du temps qui passe pour mieux nous faire oublier que c'est nous qui passons. Car chaque seconde, minute, heure, jour, mois et année est une soustraction faite sur notre seul et vrai capital, à savoir une fraction temporelle dont il faudrait faire une vie pour lui éviter de n'être qu'une existence.

Ce patrimoine est régi par une sorte de magistère de la finitude, et c'est lorsqu'il atteint sa plénitude qu'il faut y renoncer pour un ailleurs dont le mystère n'a toujours pas été élucidé, en dépit de toutes les obstinations que l'espèce humaine lui a consacré depuis son origine. Le « dossier » de chacune et chacun de nous ne peut jamais être égaré et permet à la mort de nous convoquer le moment venu, selon son bon vouloir. Cette convocation demeure heureusement secrète et même l'interruption volontaire de la vie ne peut la reléguer. Les ajournements sont parfois possibles mais les dérogations impossibles et les milliards de dollars ne permettent aucun passe-droit, en ce domaine. L'équité est absolue et les circonstances diverses, variables et aléatoires, l'exécution du décret imprévisible et nous avons, néanmoins, le sentiment d'une injustice entre décès précoce et extinction tardive, voire très tardive.

Ces propos n'ont pas pour dessein d'embrumer le moral ou de générer de l'angoisse, mais pour tenter de mettre en évidence la formule implacable, déjà citée, de Pierre Fournier, transcendant nos agitations incessantes, qui nous rappelle que « nous ne savons pas où nous allons, mais nous y allons ». Le navire cingle vers l'inconnu, toutes voiles déployées, avec des passagers perdus dans l'infini d'un désert astral et sidéral dont les « savants télescopes », en voulant dissiper le mystère, en révèlent plus encore la démesure. Avec le postulat du temps-argent, la dérision ne fait que s'amplifier. Toute perte de temps est un délit grave, un péché passible de toutes les réprobations de la société de la frénésie. Celle-ci, mue par une incessante boulimie, veille à ce que le PIB soit, toujours et en tout lieu, honoré. Il est l'indice d'une vitalité consommatrice des vies. Ainsi le consommateur est-il lui-même consommé et consumé à la fois. Ces jours tombent du calendrier comme feuilles mortes à jamais. Le consommateur doit donner à sa présence au monde une logique et, à la prédation légalisée par le lucre, sens et raison d'être.

Depuis qu'un imbécile a déclaré que le temps était de l'argent, le virus s'est propagé sous la forme d'une suractivité universelle provoquant extase et désespoir mortel. Les pistons et les bielles des moteurs donnent la cadence au sein d'une chorégraphie, outrageant les rythmes millénaires que la vie elle-même a établis en concordance avec le cosmos tout entier. La respiration et les pulsations cardiaques ont beau nous rappeler les justes cadences, sources de sérénité, l'agitation mentale et gestuelle anéantit cette belle réalité. L'agitation frénétique a remplacé la danse et réduit l'humain à une particule insignifiante, même avec une couronne sur la tête ou la poitrine exhibant des médailles. Et voici le genre humain, en tout temps, tout espace et tout lieu, invité à sacrifier résolument sa vie pour échapper au néant. C'est ainsi qu'il est demandé à chaque citoyenne, chaque citoyen de chaque nation d'entrer dans la sphère d'une logique mal définie ou trop bien définie pour être contestable, car le fondement du précepte repose sur la puissance de l'illusion. Le palais ne protège ni de la tristesse ni du désespoir. Au sein d'une masure, la joie peut éclore.

Tandis que la finance universalise sa puissance et son arbitraire, ceux qui lui échappent encore continuent à la défier, mais pour combien de temps ? Si l'on demandait à une communauté traditionnelle d'une centaine d'âmes, dans des zones rurales de pays en voie de développement, de rassembler leur avoir financier, il est très probable que l'on aurait du mal à collecter 500 euros. On pourrait, en toute logique, se demander comment cette communauté fait pour vivre avec un si maigre pécule. La réponse est simple : elle vit des biens réels, valorisés par son savoir et ses savoir-faire, et cela depuis des siècles.

C'est à l'instauration universelle de ce principe que toutes les communautés devront certainement le salut.

Certains pays « pétrodollarisés » par la manne des huiles combustibles ont relégué la terre, matrice des biens les plus vitaux, comme le symbole d'un épisode suranné au sein d'une époque où la science et la technique tentent de révéler la divinité du bipède, aux risques de mortelles pénuries alimentaires.

Le divertissement, comme besoin ludique utile en soi, est devenu dans les sociétés prospères une grande et véritable industrie de la diversion. Sans jamais se départir du respect dû à leurs personnes, les divertisseurs sont une catégorie à part, portée aux nues et brillant comme des étoiles au firmament de l'universel ennui. Ne les appelle-t-on pas des stars ? Ces rituels jupitériens permettent aux foules d'exalter leur adoration. Cette adoration devrait être dédiée aux forces et à la beauté de la nature, du ciel étoilé, à l'innocence de l'enfant que nous avons tous été.

Certains chantres de la politique veillent avec rigueur sur les places financières et distillent dans les esprits, les cœurs et les âmes des désirs fous et toujours renouvelés, sans générer la satisfaction sans cesse recherchée, sans cesse rendue inaccessible par des désirs impossibles.

Par ailleurs, l'abondance pour les uns crée de l'indigence pour la majorité des humains hébergés par notre magnifique sphère vivante. Par une loi implacable et inéquitable, l'excès de finance d'une minorité provoque le dénuement d'une immense majorité. Chaque jour, des enfants sont sacrifiés sur les autels de la « pseudo-économie » pour que les boulimiques producteurs de montagnes de rebuts puissent tenter, sans toujours y parvenir, d'apaiser des désirs provoqués par le sentiment permanent du manque. Il n'y a rien de plus attristant qu'un être humain conditionné à n'avoir jamais assez et à se rendre impossible cette sensation, belle et savoureuse, nommée profonde satisfaction.

La publicité a su perfectionner son pouvoir magique. Ainsi est-il proposé à l'espèce humaine, par voie subliminale, de jouer la même partition pour que la croissance économique, les PIB des nations, deviennent la raison d'être des peuples dans leur quasi-totalité et la mesure de leur prospérité. L'*Homo economicus* devient le destructeur de ce dont il a un besoin irrépressible. Il devient le combustible de la combustion sur laquelle il a fondé la modernité dont il est grisé. Bien qu'évidemment riche, le continent africain est victime de la pauvreté, de la misère et des famines.

En 1948, *La Planète au pillage*, essai de Fairfield Osborn[1], est salué par de grands esprits comme Albert Einstein, Aldous Huxley et bien d'autres. Cet ouvrage démontre avec une rigueur et une vérité incontestables que l'être humain a fondé la prédation sans renouvellement, depuis qu'il s'est éloigné de la règle originelle définie par Antoine Lavoisier : « Rien ne se crée, rien ne se perd, tout se transforme. »

L'être humain est incontestablement la première catastrophe écologique. Cela me rappelle une anecdote que racontait Mikhaïl Gorbatchev. Un jour, la planète Terre est visitée par une autre planète. « Comme vous êtes mal en point », lui dit la visiteuse. « Ne m'en parlez pas, répond notre Terre, j'ai attrapé l'humanité… — Ah, ce n'est que cela ! Moi aussi, je l'ai attrapée, mais je m'en suis guérie. Tout va bien à présent. »

L'économie, telle qu'elle est conçue aujourd'hui, est à l'évidence la négation absolue de l'économie. Il ne peut y avoir évolution positive de l'espèce humaine sans remettre en question, prioritairement, le concept actuel de l'économie enkysté dans son cerveau, probablement toujours reptilien, en dépit des apparences. En examinant les faits avec objectivité, nous sommes apparus depuis environ deux minutes sur les vingt-quatre heures proposées comme référence temporelle de l'âge de la planète. Nous sommes advenus bien plus pour anéantir que pour savourer les dons jubilatoires que la terre offre abondamment à notre corps, à notre esprit, à notre cœur.

À aimer et prendre soin, nous avons substitué détruire et épuiser. À l'économie comme fondement de la continuité, nous avons substitué l'insatiabilité de l'ogre. À l'oasis exceptionnelle, nous avons préféré le gisement de ressources à consommer « sans modération », avec une dévotion sans limite à une divinité dont les places boursières constituent les lieux sacrés. En ces lieux, une sorte de principe métaphysique provoque des bacchanales et des rituels sous l'empire d'une transe irrépressible et la convoitise comme principe dynamique d'une économie dont le dollar représente aujourd'hui la quintessence. À cette quintessence, l'humanité tout entière est invitée et même sommée de se soumettre.

Et que dire des malfaisances économiques que sont les armes fabriquées et propagées avec une grande ferveur, rendant possible une extermination radicale ? Le culte de la mort enrichit les nations qui produisent ces horribles équipements en ruinant celles qui les achètent, au détriment même des besoins les plus vitaux de leur peuple.

Toutes ces tractations font jubiler Mammon[2], dont la plus grande crainte est que les humains sortent des limbes d'un archaïsme incurable pour devenir enfin intelligents. On sait que le meurtre et même l'extermination, si ce n'est l'apocalypse aujourd'hui possible avec le nucléaire, rapportent énormément. Car, par une loi inspirée par l'horreur, l'économie trouve son compte et sa raison d'être dans l'abjection elle-même. Peut-être Satan, dont le positivisme nie l'existence, manipule-t-il les âmes. On dit que la plus grande ruse de ce génie malfaisant est de laisser croire qu'il n'existe pas. Après tout, comme le souligne cette citation de Métrodore de Chio avec une vérité incontestable : « Nous ne savons rien, pas même que nous ne savons rien. »

Ainsi l'économie dollarisée est-elle la cause des grandes dissensions entre les grands nantis, de plus en plus minoritaires, et les grands démunis dont le nombre ne cesse de croître, multipliant les damnés de la terre.

Pourtant, la morale la plus élémentaire et l'intelligence la plus authentique suggèrent le partage équitable et modéré des biens vitaux. Il est évident qu'une grande partie des violences que nous déplorons sur notre « terre-patrie[3] » serait neutralisée par la puissance de la bienveillance et de l'équité. Le précepte fondamental de l'économie, tel qu'il sévit, non seulement autorise, mais recommande de vider les mers de leurs magnifiques ressources et provendes irremplaçables, de raser les forêts, de détruire et de polluer la terre nourricière par des substances toxiques, de répandre des poisons dans toutes les ramifications de ce merveilleux principe que nous appelons la vie, de dissiper le patrimoine semencier indispensable à sa continuité[4], et ce jusqu'à notre propre corps et aux organismes agressés par des substances toxiques. Cette nourriture pathogène suggère bien plus de se souhaiter bonne chance que bon appétit.

À tout cela, il faut ajouter les souffrances, les exactions et les exterminations que nous infligeons à toutes les créatures compagnes de notre destin sur Terre. Ce sont toutes ces brutalités et bien d'autres innombrables qui donnent à la « pseudo-économie » sa justification. C'est par des stratagèmes subjectifs que le citoyen moderne est mentalement et psychiquement conditionné à toujours ressentir le manque, même dans l'opulence. Il est en quelque sorte condamné à l'enfer du « toujours plus » sans satisfaction, au détriment de la joie comme bien suprême. Celle-ci, étant d'une essence particulière, n'est pas réductible à du plaisir éphémère.

Dans ces conditions, même l'amour semble se consumer en se consommant. Que dire alors des peuples qui ont encore – mais jusqu'à quand ? – l'outrecuidance d'être joyeux et qui vivent sans finance, sans argent, tirant leur satisfaction des offrandes de la vie ? Non seulement le malentendu demeure non élucidé, mais avec la mondialisation de l'avidité et de la rivalité prônée comme règle du vivre ensemble universel, il élargit et creuse l'iniquité comme pour mieux exacerber la violence par la frustration. C'est ainsi que la production de cadavres à grande échelle est une aubaine économiquement rentable. Ces mêmes nations fortement équipées pour le carnage ont élaboré, pour brouiller la réalité, des discours dithyrambiques sur la paix nécessaire. Une paix bâtie sur l'équilibre de la terreur, alors que nous ne manquons pas de vertus majeures pour la bâtir sur une bienveillance et une convivialité universelles. Comment comprendre quelque chose à ce galimatias fait des contradictions les plus déconcertantes ? L'économie ainsi déterminée est un labyrinthe où les âmes simples et généreuses se perdent et participent aux malheurs du monde par leur comportement de consommateurs, sans en avoir une vraie conscience.

L'économie, fondée sur le principe d'un désir programmé et jamais assouvi par des experts en art subliminal, invite tout citoyen à troquer et jouer son capital vie à la roulette d'un destin prédéterminé. La finalité de ce destin reste inconnue et se perd sans cesse dans les méandres de l'Histoire. La condition des créatures vivantes, dont nous sommes la plus grande calamité et dont on fait commerce, est aussi inspirée par l'appât du gain. Cette malfaisance, à elle seule, mériterait un traitement à sa mesure, comme l'immense tragédie qu'elle représente. Avec la prostitution des femmes, l'acte sexuel rapporte même aux proxénètes qui probablement paient des impôts… Vouloir être exhaustif dans le domaine du profit en tant que tel comme fondement universel de l'économie équivaut à se condamner à l'impuissance. Et croire que la « pseudo-économie » est déterminée par la rationalité est également se condamner à ne jamais la comprendre, tant elle est subordonnée à l'irrationalité humaine dont l'insécurité et la peur sont les vraies racines.

Peut-être faudrait-il prendre exemple sur ce pêcheur qui, son ouvrage accompli, fait sécher ses filets ? Un homme sérieux passe et s'adresse à lui :

« Monsieur, la barque amarrée devant vous vous appartient-elle ?

— Oui, répond le pêcheur.

— Mais elle est petite, s'étonne le promeneur. Vous pourriez en avoir une plus grande.

— Et après ? rétorque le pêcheur.

— Vous pêcheriez plus de poissons et vous achèteriez une plus grande barque.

— Et après ?

— Ensuite, vous pourriez acheter un bateau et vous embaucheriez des pêcheurs.

— Et après ?

— Après, vous pourriez enfin vous reposer.

— Eh bien, c'est ce que je suis en train de faire », rétorque le pêcheur.

Petite histoire humoristique, mais à méditer avec sérieux.

La plus grande partie des activités non rémunérées des citoyens ne sont pas comptabilisées. Peut-on imaginer la moindre survie sans les innombrables gestes gratuits que nous partageons avec toute créature vivante ? Aucun animal ne travaille, si ce n'est sous le joug ou le collier que le bipède lui impose. À l'état sauvage, l'animal vaque à ses activités de survie qui ne peuvent en aucun cas être assimilées à du travail. En ne prenant pas en considération cette réalité, nous avons fait de la vie une pauvre chose subordonnée à la fonctionnalité lucrative. Par conséquent, nous nous sommes conformés au dogme, au précepte et au credo du temps-argent.

Loin de moi l'intention d'être désobligeant. Mais il n'est pas anodin que la cravate comme ornement vestimentaire m'ait toujours fait penser à un nœud coulant, la strangulation et peut-être aussi la laisse.

Il est évident qu'une nouvelle conception de l'économie est à instaurer en toute vérité, dans une urgence que les évolutions actuelles exigent impérativement. Ces changements sont indispensables pour éviter une implosion dont le processus est déjà bien engagé et qui risque d'atteindre son apothéose avec un chaos planétaire sans précédent.

Que faire du système financier pour qu'il devienne bénéfique et rétablisse un ordre où la finance ne soit plus le magistère au service d'un arbitraire injustifiable, mais le moyen par lequel l'équité, la juste mesure et la mesure juste peuvent s'exercer ? Il serait ainsi un principe révélant la noblesse dont l'être humain est capable pour servir un ordre apaisé et bienveillant. Cela nécessite, avant toute chose, que nous appliquions le « connais-toi toi-même », pour n'être plus le jouet des chimères qui peuplent nos esprits.

Le temps d'abolir la frénésie productiviste qui usurpe le capital-vie en instaurant une féodalité invisible sur toute la planète est plus que venu. À supposer que l'ensemble du genre humain puisse adopter l'avidité comme principe d'existence sans le remettre en question, il est évident pour tout esprit éveillé que cette humanité risque d'être la responsable de sa propre extinction.

Cette introduction, fondée sur une approche à tonalité philosophique et humaniste sur l'économie en général, perdrait une partie de sa valeur si elle n'était étayée par la rigueur des faits. Par son professionnalisme, par la rigueur de ses enquêtes, Juliette Duquesne était particulièrement habilitée à réunir les éléments factuels et structurels indispensables à la compréhension des problématiques dont il est question dans ce carnet. Je la remercie chaleureusement de sa contribution qui, par ailleurs, est en accord avec son engagement de vie et ses convictions profondes.

Pierre Rabhi

Enquête

Pour la partie qui m'incombe, je remercie Thierry Philipponnat d'avoir pris le temps de relire ce travail. Ses remarques ont été très utiles et précises quant au fond. Je remercie également toutes les personnes que j'ai interrogées pour réaliser cette enquête et dont la liste figure en fin d'ouvrage, ainsi qu'Aurore Roussel. Ses commentaires ont été très constructifs sur la forme. Mes derniers remerciements sont adressés à Pierre Rabhi, pour la confiance qu'il me témoigne.

Toutes les citations proviennent d'interviews réalisées dans le cadre de l'enquête. Il m'a semblé important d'interroger de vive voix la majorité des personnes sollicitées. J'avais déjà réalisé plusieurs reportages pour le journal de 20 heures de TF1 sur cette problématique. J'ai donc réutilisé certains témoignages.

Il m'a semblé pertinent de privilégier les économistes indépendants qui ont réellement travaillé sur les différentes problématiques abordées dans ce carnet. Sur ces sujets, il est parfois difficile d'obtenir des points de vue totalement neutres, mais leurs analyses proviennent d'études et de travaux souvent réalisés durant de nombreuses années. J'ai également cherché à interviewer d'anciens banquiers d'affaires, d'anciens régulateurs ou d'anciens acteurs des marchés financiers. Leurs témoignages sont à chaque fois très précieux.

Toutes les informations sont sourcées en notes (p. 159). Je me suis efforcée, autant que possible, de consulter le document ou de contacter l'organisme à l'origine du chiffre ou de l'information, et non de reprendre des données citées dans des journaux ou des livres. Pour ce carnet d'alerte sur la finance, les calculs étant parfois trop complexes, il m'a fallu dans certains cas reprendre des travaux d'économistes de confiance, sans revenir à la source.

Juliette DUQUESNE

Introduction

Agences de notation, Triple A, subprimes, titrisation, produits dérivés… Ces mots complexes ont envahi l'espace médiatique à la suite de la crise financière qui a débuté en 2007. Une crise sans précédent selon de nombreux spécialistes, plus profonde que celle de 1929 !

C'est à cette occasion que le grand public, plus étonnamment les politiques et même les banquiers, se rendent compte du monstre financier créé ces dernières années, à l'aide d'instruments toujours plus complexes. Les marchés financiers*, un monde très virtuel, difficile à appréhender, surgissent dans le quotidien des Français, sans que chacun comprenne réellement leur fonctionnement.

Ce langage technique si particulier continue de se répandre avec la crise de la dette des pays européens, à partir de 2010. Puis cette thématique a disparu aussi vite qu'elle était apparue. Après avoir fait la une des journaux, ce sujet n'est plus du tout traité par les médias généralistes, ou de façon

---

* Les mots ou expressions suivis d'un astérisque à leur première occurrence sont définis dans le lexique, p. 167.

très sporadique. Et pourtant, la finance est une problématique cruciale. Elle a pris une telle importance qu'il nous semble indispensable d'expliquer ses mécanismes.

La taille du secteur bancaire européen est plus de 3,5 fois supérieure au PIB[1] des pays européens[2]. Chaque jour, sur le marché des changes[3], 5 100 milliards de dollars sont échangés[4]. Le bilan des vingt-huit banques les plus importantes équivaut à l'endettement d'un peu moins de deux cents pays à travers le monde[5] !

Nombre d'entre vous fuient lorsqu'ils entendent le mot « finance ». « C'est trop compliqué ! Cela ne m'intéresse pas ! » Et pourtant, le fonctionnement des marchés financiers a des conséquences concrètes sur le quotidien de chacun d'entre nous. Comprendre ce secteur nous paraît essentiel pour appréhender le monde qui nous entoure, sans le caricaturer. L'opinion publique sent bien que les marchés financiers dysfonctionnent, sans pouvoir cerner avec précision ces dysfonctionnements. Cette incompréhension fait peser des dangers tels que la montée actuelle du populisme.

Dans ce « carnet d'alerte », il ne s'agit pas de rejeter, en bloc, la finance. Bien au contraire ! La finance est indispensable, utile, nécessaire et même vitale pour aider à la transition écologique de notre économie et nourrir les projets qui nous animent.

Au cours de l'Histoire, la finance a souvent été un bouc émissaire facile. Les crises financières ne sont pas nouvelles. Mais, cette fois, la crise est particulière. Ce n'est d'ailleurs pas une crise, mais plutôt la mise en lumière de mauvaises pratiques et d'un secteur qui s'est permis – et auquel on a permis – des excès, des dérives inimaginables voici à peine une trentaine d'années. Jamais ce secteur n'avait pesé d'un tel poids, jamais il n'avait aussi peu financé l'économie réelle, jamais les conséquences n'ont été aussi lourdes. La financiarisation de l'économie a des répercussions très concrètes sur les salariés, les entreprises, les États, les citoyens, sur l'augmentation des inégalités, sur le prix des denrées alimentaires de base et même sur la nature.

Comment a-t-on pu en arriver là ? Comment ce secteur a-t-il pu acquérir un tel pouvoir sur l'ensemble de la société ?

Déréglementation, usage des mathématiques les plus savantes, ordinateurs toujours plus puissants, paradis fiscaux : voilà quelques-uns des moyens utilisés par les établissements financiers afin de se développer. Depuis les récentes crises financières, des réformes ont été mises en place. Suffiront-elles à éviter une nouvelle crise et à réorienter les investissements vers l'économie réelle ? Bien entendu, des solutions existent. Une autre finance, plus solidaire et plus éthique, grandit quasi spontanément au sein de la société civile. Fondée sur des constats objectifs, elle représente une alternative globale et crédible pour inventer un autre système.

PREMIÈRE PARTIE

Des salariés aux grains de blé : l'impact des excès de la finance au quotidien

Les plans d'économies touchent pratiquement tous les salariés des grands groupes, quel que soit le secteur de l'entreprise.

Saïd Akrim, salarié chez Sanofi[1] depuis 2006, a déjà subi deux fermetures de sites. Quatre mille sept cents emplois en CDI ont été supprimés en France depuis 2008. Et pourtant, les dividendes[2] de ce fleuron de l'industrie pharmaceutique augmentent chaque année. En une décennie, ils ont grimpé de 144 %[3]. En 2016, le groupe Sanofi a réalisé 7,4 milliards[4] d'euros de bénéfices et versé 3,7 milliards[5] d'euros de dividendes. Son PDG a reçu 9,6 millions[6] d'euros de rémunération.

La financiarisation des entreprises et les plans d'économies à répétition

De son côté, Saïd Akrim, technicien de production, n'a jamais bénéficié d'une augmentation individuelle et les augmentations collectives se sont interrompues il y a quatre ans. « Ça nous met en colère, témoigne Saïd Akrim. Nous souhaitons de l'équité. Nous ne sommes pas contre le fait que les actionnaires touchent des dividendes. Mais c'est nous, les salariés, qui travaillons toute l'année et qui contribuons aux profits de l'entreprise. Nous ne sommes pas reconnus dans notre travail. Ce qui me gêne le plus, c'est que nous ne sommes plus un laboratoire pharmaceutique, mais un laboratoire financier. Nous n'avons plus de vision sanitaire. »

▸ **Saïd Akrim** est technicien de production et délégué syndical CGT à Sanofi. Depuis dix ans, il a connu une détérioration de ses conditions de travail. Un constat qui le désole d'autant plus qu'il appréciait particulièrement son métier, qui a du sens : contribuer à la fabrication de médicaments.

« C'est un gâchis scientifique, un gâchis humain, un gâchis social, déplore Thierry Bodin, coordinateur syndical CGT de Sanofi. Lorsque j'étais jeune cadre, la rentabilité de l'entreprise était de 8 %. Aujourd'hui, elle atteint plus de 20 %, mais ce n'est jamais suffisant. On s'aperçoit du poids pris par les financiers dans l'entreprise. » Selon cet ingénieur qui a débuté sa carrière dans cette société il y a plus de trente ans, la transmission du savoir-faire a disparu. On en arrive même à des ruptures de vaccins en France, à cause de problèmes liés à la production.

▸ **Thierry Bodin** est coordinateur CGT de Sanofi depuis 2005. Ingénieur en développement scientifique puis statisticien, il a connu les différentes fusions et fermetures de sites de ce groupe pharmaceutique. Il déplore des plans d'économies à répétition et des décisions court-termistes qui démotivent les salariés et vont même à l'encontre de la pérennité de l'entreprise à long terme.

Gwenaëlle, conseillère dans une agence de la Société générale[7], subit les mêmes plans d'économies, mais dans un tout autre domaine. « Quand je suis entrée à la Société générale il y a quinze ans, nous étions des conseillers. Aujourd'hui, nous sommes des commerciaux. Tous ces plans ont changé notre métier, constate-t-elle. Nous avons un nombre d'entretiens à respecter par semaine, des rendez-vous qui doivent venir de notre initiative, des entretiens ciblés avec des produits financiers à vendre. Les clients à la demande d'un rendez-vous passent après. Chaque année, on nous en demande plus, sans moyens supplémentaires. »

▸ **Gwenaëlle**, conseillère à la Société générale, n'a jamais bénéficié d'augmentations de salaire, mis à part les hausses collectives qui se sont arrêtées il y a six ans. Elle déplore qu'au sein de l'opinion publique les conseillers soient souvent assimilés aux traders, alors que, dans les agences de sa banque, les salaires mensuels sont compris entre 1 400 et 2 000 euros nets. Par crainte de représailles suite à son témoignage, Gwenaëlle a choisi de ne pas mentionner son nom de famille.

À la Société générale, pour réduire les coûts, une partie du service des ressources humaines a même été délocalisée en Roumanie… Et pourtant, en 2016 les bénéfices atteignent plus de 3 milliards d'euros, les dividendes ont crû de 83 % en huit ans[8] ! Une situation caricaturale et aberrante qui concerne presque toutes les grandes sociétés. « La seule justification de ces plans d'économies est de garder une forte rentabilité », alerte Arnaud Lambolez, représentant syndical national CFDT à la Société générale.

De nombreux syndicats et salariés pensaient que ces plans d'économies n'allaient durer qu'un temps, mais de nouvelles restrictions de coûts sont sans cesse imaginées. « Le changement perpétuel est le mode de gouvernance, analyse Arnaud Lambolez. Les salariés sont maintenus dans un rôle d'apprentis. Ils sont toujours en zone de risque : soit les outils informatiques sont modifiés, soit des évolutions de métiers sont imposées. »

▸ **Arnaud Lambolez** est représentant national CFDT de la Société générale. Il a voulu s'engager dans une carrière syndicale afin d'être plus en harmonie avec ses convictions et ses valeurs. Sur des sujets sensibles comme celui-ci, il est indispensable d'interviewer des représentants syndicaux. Rares sont les salariés qui prendraient le risque d'être interrogés par un journaliste.

Mais pourquoi les grands groupes sont-ils aujourd'hui tous gérés de cette façon ?

Dans les années 1980, le chef d'entreprise rendait des comptes à des actionnaires de type familial. En moyenne, les actions étaient détenues à 70 %[9] par des familles d'industriels et des petits porteurs. Aujourd'hui, la nature de l'actionnariat a changé. Le chef d'entreprise rend des comptes à des fonds d'investissement. En France, ces fonds de pension* et ces sicav[10] détiennent plus de la moitié[11] des actions des grands groupes. Et, pour les attirer, un PDG ne cesse d'augmenter les dividendes. En France, en vingt ans, ils ont été multipliés par sept[12].

Si les dividendes baissent, les investisseurs fuient, le cours de l'action risque donc de chuter et l'entreprise peut être rachetée par une autre. « C'est une transformation radicale de la propriété des sociétés cotées avec un accroissement très net des fonds d'investissement, affirme Antoine Rebérioux, économiste spécialiste de ce sujet. La gouvernance des entreprises s'est transformée, avec pour objectif de servir les actionnaires. Par ailleurs, une partie des rémunérations des dirigeants est indexée sur les cours boursiers. C'est une manière de les encourager encore plus à gérer en fonction des seuls actionnaires. »

▸ **Antoine Rebérioux**, professeur à l'université Paris-7 Diderot, a publié de nombreux travaux sur la gouvernance des entreprises. Les grands groupes ont des impacts considérables sur l'économie, notamment en France, un des pays d'Europe où les entreprises de plus de dix mille salariés sont les plus nombreuses. Selon cet économiste, il importe de s'intéresser à ces sociétés car leur impact environnemental et sociétal est tel qu'elles ne peuvent pas seulement servir les intérêts des actionnaires.

Jean-Louis Beffa a dirigé pendant deux décénies Saint-Gobain. Lui aussi dénonce cette suprématie des actionnaires. Il lui est parfois arrivé de s'exonérer des exigences de la Bourse. « Il faut savoir que la première réaction des marchés financiers n'est pas toujours la bonne, reconnaît-il. Pour avoir un bilan, il faut pouvoir être apprécié dans la durée. On voit bien que le modèle hyper-financier est en train d'échouer. Si on continue dans cette voie, on se fourvoie[13]. »

▸ **Jean-Louis Beffa**, président d'honneur de Saint-Gobain, a dirigé pendant vingt et un ans cette entreprise spécialisée dans les matériaux de construction. Son témoignage est précieux car peu de dirigeants acceptent d'évoquer, sans langue de bois, cette évolution managériale.

Les entreprises sont des structures où les conséquences du fonctionnement des marchés financiers sur la société sont les plus évidentes. Leur interaction, par le biais des conseils d'administration, est plus directe que dans d'autres secteurs. « La finance est la gestion du risque et du capital, explique Tristan Auvray, économiste spécialiste de cette question. La financiarisation apparaît quand ces fonctions ne sont plus supportées par la finance, mais par d'autres acteurs : l'entreprise, l'employé... L'actionnaire ne veut plus supporter le risque de voir baisser ses dividendes. L'investissement ou l'emploi devient donc la variable d'ajustement. Auparavant, les marchés finançaient les entreprises. Aujourd'hui, ce sont les entreprises qui financent les marchés. Il y a plus de rachats d'actions que d'émissions d'actions. Depuis 1980, aux États-Unis, les entreprises versent plus d'argent aux actionnaires qu'elles n'en reçoivent. »

▸ **Tristan Auvray**, économiste et maître de conférences à l'université Paris 13, s'est intéressé à la gouvernance des entreprises et a publié de nombreux travaux à ce sujet. Il voulait mieux comprendre les fonctionnements des fonds de pension, ces investisseurs accusés de tous les maux.

Les fonds de pension, qui ont pour fonction de collecter de l'épargne pour les retraites ou les assureurs, pourraient être des investisseurs à long terme. Mais cette épargne est confiée à des intermédiaires très court-termistes. Les cinquante premiers intermédiaires financiers détiennent 40 % de la capitalisation boursière* mondiale[14]. Ces intermédiaires délèguent ensuite leur droit de vote à d'autres intermédiaires, des sociétés de conseil de vote. Dans les conseils d'administration, ces sociétés uniformisent les votes, sans prendre en compte les spécificités de chaque entreprise. Ce système n'est même pas avantageux pour les futurs retraités : la foule d'intermédiaires doit, bien sûr, être rémunérée. Les payer peut coûter 20 % du rendement annuel du fonds de pension[15].

Autre problème de cette financiarisation de l'entreprise : afin qu'un fonds d'investissement puisse investir ou se retirer d'une société quand il le souhaite partout dans le monde, même à la microseconde, il convient d'évaluer les entreprises facilement et rapidement. « L'évaluation des entreprises est difficile, décrypte André Orléan, économiste spécialisé dans les questions financières et monétaires. Dans l'entreprise, une certaine opacité existe qui résiste aux critères financiers. C'était un pouvoir pour les dirigeants. Ils avaient une connaissance intime de leur société que n'avaient pas les actionnaires. Mais la financiarisation est allée de pair avec une standardisation et une homogénéisation de l'évaluation. Désormais, sur l'ensemble de la planète, le même critère est utilisé, le plus abstrait et le plus commun : la valeur actionnariale. Par exemple, les marchés financiers aiment bien les entreprises mono-produits, [plus faciles à évaluer]. Selon les acteurs des marchés financiers, si la diversification est nécessaire, ce n'est pas aux entreprises de la réaliser, mais aux actionnaires grâce à leur portefeuille. C'est une logique extrêmement puissante ! »

▸ **André Orléan**, économiste, directeur d'études à l'École des hautes études en sciences sociales (Ehess), est également président de l'Association française d'économie politique (Afep) et membre des Économistes atterrés. Ces structures pointent notamment le manque de pluralisme en économie. Étudiant à Polytechnique, il s'est intéressé aux questions monétaires et financières car elles lui paraissaient très opaques et complexes.

Des réformes simples pourraient renverser cette tendance : accroître le poids des actionnaires de longue durée en leur accordant un nombre de votes proportionnel au temps de détention d'une action, suspendre la cotation* en continu des entreprises, admettre encore plus de représentants des salariés dans les conseils d'administration, accorder des avantages fiscaux aux sociétés qui réinvestissent, par opposition à celles qui distribuent toujours plus de dividendes…

Ces mesures seraient d'autant plus cruciales à appliquer dans le secteur bancaire que cette recherche de rentabilité à court terme pour satisfaire les actionnaires pousse les banques à développer des produits financiers toujours plus fructueux, à s'éloigner encore un peu plus de l'économie réelle et donc à accélérer la financiarisation de toute l'économie. Un cercle vicieux !

Les principes des marchés financiers face aux lois de la démocratie

Aucune des quatre plus grandes banques françaises, acteurs majeurs des marchés financiers, n'a accepté de répondre à nos questions. Même la Fédération bancaire française a refusé, malgré nos nombreuses sollicitations, à des mois d'intervalle. Un refus d'autant plus déconcertant que répondre aux journalistes fait partie des missions de ce lobby bancaire.

Cette anecdote est révélatrice du rapport entretenu par ce secteur avec les médias et la démocratie. Lors de la crise financière de 2007-2010, nous avions pu nous rendre au sein de certaines salles de marchés. De nombreux traders, brokers ou autres agents des rares salles de marchés qui acceptent d'ouvrir leurs portes aux journalistes nous expliquaient que mieux valait ne pas alerter le grand public sur les détails de cette crise, de peur que ces informations n'aient un impact négatif sur les marchés. Le cours de la Bourse importait plus que la liberté d'informer !

Avec son jargon technique, ce secteur se tient éloigné des médias généralistes et s'efforce d'attirer les investisseurs par le biais de la presse financière, ce qui l'oblige souvent à entretenir un double discours. Recourant régulièrement à l'argument de la complexité, les acteurs financiers et bancaires représentent un des milieux les plus hermétiques qui soient.

C'est peut-être en partie à cause de cet éloignement et de ce cloisonnement que la crise de 2007 a été si peu anticipée. « En 2007, il y a eu un aveuglement total de tous les acteurs des marchés financiers, détaille Romaric Godin, journaliste spécialisé dans ce domaine. Ils étaient nombreux à affirmer qu'il s'agissait d'une petite crise. Elle a quand même entraîné toute l'économie mondiale et mis la construction européenne en danger ! Cette crise provient des dérives de la finance et de la financiarisation de l'économie. L'aveuglement complet est une des clés de la gravité de cette crise. J'ai beaucoup réfléchi à cela. Aujourd'hui, on ne s'en est toujours pas rendu compte. La France essaie de récupérer les activités de la City, au lieu de réguler davantage. On nous fait croire que la crise actuelle est une crise des finances publiques, alors que c'est une crise de la dérégulation financière ! »

▸ **Romaric Godin**, journaliste pendant quinze ans à *La Tribune* et aujourd'hui à Mediapart, est spécialiste de macroéconomie et des questions financières. Il s'est intéressé à la finance car elle est le moteur de l'économie et joue un rôle structurant pour l'ensemble de la société.

La crise des subprimes* fut en grande partie à l'origine de la crise de la dette européenne de 2010. Un constat confirmé par les chiffres. Entre octobre 2008 et octobre 2011, la Commission européenne a approuvé environ 4 500 milliards d'euros d'aides d'État vers des établissements financiers, soit 37 % du PIB de l'Union européenne[16]. Les banques étaient toutes contaminées par les produits toxiques américains. Les banques européennes ont acquis un tel poids qu'il était impossible de les laisser faire faillite sans entraîner toute l'économie et la perte de tous nos dépôts. Les États ont donc dû les renflouer. En outre, cette crise financière a eu un impact sur l'économie réelle : faillites d'entreprises, hausse du chômage, récession… Pour tenter de maintenir ce système économique, les États se sont donc endettés encore plus massivement. En moyenne, dans les pays occidentaux, la dette publique a augmenté de 34 % du PIB entre 2007 et 2014[17] !

Mais cet endettement galopant a posé problème car les États financent leur dette sur les marchés financiers. Ils se rendent donc de plus en plus dépendants des mouvements de la Bourse. « Lorsque les États expérimentent une politique qui déplaît aux marchés financiers, ils peuvent être confrontés à un mur d'argent par le biais d'attaques spéculatives, indique Benjamin Lemoine, sociologue. Les taux d'intérêt s'emballent. Si un État décidait de mettre en place une politique non conventionnelle, il ne pourrait plus se financer. L'accumulation de la dette serait insoutenable. Au nom de cette menace et de cette hostilité financière, il faudrait procéder à l'austérité, mais la réalité est plus compliquée. Appréhender la dette devrait être un choix politique. »

▸ **Benjamin Lemoine**, sociologue, est chercheur au Centre national de la recherche scientifique (CNRS) et à l'Institut de recherche interdisciplinaire en sciences sociales (Irisso). Spécialiste de la dette publique, il considère que notre rapport à la dette a totalement changé. Aujourd'hui, il est dématérialisé, intermédié. Auparavant, avec les bons du Trésor, il était plus direct.

« C'est une banalité de le dire, renchérit Thomas Coutrot, économiste : nous sommes dans un régime de démocratie restreinte. Nous pouvons suivre des politiques économiques, à condition qu'elles soient approuvées sur les marchés financiers. »

▸ **Thomas Coutrot**, statisticien et économiste, chef du département conditions de travail et santé à la Direction de l'animation de la recherche, des études et des statistiques (Dares), a été l'un des fondateurs d'Attac (Association pour la taxation des transactions financières et par l'action citoyenne), association créée en 1998 dans le but de dénoncer le pouvoir de plus en plus démesuré des marchés financiers.

Comme les plans d'économies dans les grands groupes, ces politiques d'austérité ont des conséquences très concrètes, cette fois sur les citoyens et les contribuables ; et, de même, de nouvelles réductions des coûts et dépenses ne cessent d'être inventées.

Pourtant, de l'avis de certains économistes, la dette ne serait pas seulement due aux dépenses publiques, plutôt stables depuis vingt ans. Nous n'entrerons pas dans les détails de ce débat, ni dans ceux de la création monétaire. Ces sujets complexes et abstraits pourraient faire l'objet d'un autre carnet. Il nous faut pourtant les évoquer.

Dans les années 1990, les taux d'intérêt de la dette ont crû brutalement. Rembourser a donc coûté de plus en plus cher. Il a fallu s'endetter davantage pour payer les intérêts. Lorsque les taux d'intérêt sont supérieurs au taux de croissance, on constate un effet « boule de neige ». Résultat : 59 % de la dette publique proviennent de l'augmentation de ces taux d'intérêts et d'une baisse des recettes due à l'évasion fiscale[18] et à des cadeaux fiscaux.

Par le passé, les États européens ne se sont pas toujours financés exclusivement sur les marchés financiers. Ces règles, que nous avons créées, peuvent entraîner des conséquences néfastes pour l'économie. Aujourd'hui, les banques sont les principaux créateurs d'argent. Ce ne sont plus les États. En achetant des obligations d'État, une banque peut créer plus d'argent. « Lorsque l'État émet de la dette publique française [des obligations], explique Romaric Godin, la banque peut acheter de la dette française. Ensuite, elle se rend à la BCE et dépose cette dette française en garantie. La BCE lui donne alors de l'argent [estampillé] Banque centrale, l'argent de base, qui vient dans les réserves de la banque. Ainsi, la banque peut créer de l'argent. Plus elle achète de dettes françaises, plus elle peut créer de l'argent. Ensuite, où va cet argent ? Très peu vers les PME et beaucoup vers les *hedge funds* [fonds spéculatifs]. La dette publique encourage la dette privée et donc la financiarisation de l'économie. Ce sont des liens très complexes ! »

Pour dénouer ces liens avec les marchés financiers, les États pourraient utiliser différents outils afin de trouver de l'argent : emprunter directement auprès du public, lutter plus efficacement contre l'évasion fiscale… Certes, aujourd'hui, les taux d'intérêt sont très bas, voire négatifs. Il est donc intéressant de s'endetter sur les marchés financiers, mais cela nous rend dépendant. Et, comme dans les années 1990, ces taux sont susceptibles de s'envoler à tout moment.

Autre solution : permettre, sous certaines conditions, la création monétaire par les États pour financer les déficits en Europe. « La zone euro est construite sur un dogme invraisemblable selon lequel, lorsque les banques privées créent de la monnaie pour maximiser leur profit, elles servent l'intérêt général, tandis que lorsque la Banque centrale crée de la monnaie pour un État, elle se compromet nécessairement dans les basses œuvres de la politique électoraliste», écrit Gaël Giraud[19].

▸ **Gaël Giraud**, économiste en chef de l'Agence française de développement (AFD), est aussi directeur de recherche au CNRS et jésuite. Il a rédigé de nombreux ouvrages et travaux sur les crises financières et le financement de la transition écologique.

Aujourd'hui, le bilan des vingt-huit banques les plus importantes équivaut à l'endettement d'un peu moins de deux cents pays à travers le monde. «Avec ces chiffres, on se rend bien compte du rapport de forces, constate François Morin, économiste. À cause de leur dette, les États sont les otages d'un oligopole bancaire. Ils ont eux-mêmes décidé de se dessaisir du problème monétaire dans les années 1970. Ils ont perdu cette souveraineté monétaire en choisissant de la perdre.»

▸ **François Morin**, économiste et professeur émérite de l'université de Toulouse, a été également membre du conseil général de la Banque de France et du Conseil d'analyse économique. Il a notamment réalisé plusieurs travaux et collecté de nombreuses données sur l'oligopole bancaire.

Cette création monétaire reviendrait à effacer une partie de la dette. La restructuration de la dette, par différents moyens, est réclamée depuis des années par certains économistes, notamment pour la Grèce. « L'Histoire offre de nombreux cas où la dette a été effacée car elle était insoutenable, explique Thomas Coutrot. Cette mystique de la dette qu'il faut payer absolument, même au prix des droits sociaux et des droits humains, est délirante. En Grèce, on a détruit le système de santé pour rembourser la dette ! »

La Grèce est un cas particulièrement révélateur de la perte de souveraineté d'un peuple. Avant 2010, un titre de dette grec s'échangeait au même prix qu'un titre de dette allemand. Ces titres de dette sont très recherchés car ils permettent aux banques de créer de l'argent. La révélation du trucage des comptes grecs, avec l'aide de la banque Goldman Sachs, a changé la donne. Le vrai niveau de la dette a été dévoilé. Les taux d'intérêt se sont envolés, ce qui a fait grimper davantage la dette. Le pays s'est retrouvé au bord de la faillite.

De l'avis de plusieurs économistes, la responsabilité des marchés financiers tient plus aux prêts excessifs accordés à la Grèce avant les révélations que d'une réaction excessive à partir de 2010. Tout le monde savait que la dette grecque était, en fait, différente de la dette allemande.

Bien sûr, l'économie grecque connaît des défaillances et une partie de l'élite a bien profité du système. Mais la façon dont cette crise a été gérée est totalement inédite et destructrice pour ce pays.

La protection des créances a été la priorité absolue. La Banque centrale européenne a racheté les titres de dettes grecques. À qui ? Notamment aux banques européennes qui avaient beaucoup trop prêté à la Grèce. Si celle-ci avait fait faillite, elles auraient perdu beaucoup d'argent et nous aussi. Les responsabilités de cette crise sont donc loin de venir des seuls Grecs. « Nous mettons en haut de l'édifice la protection des structures bancaires, déplore Oliver Passet, économiste. Le pouvoir de nuisance de la finance est tel que le politique est obligé de se soumettre. La protection des créanciers est devenue capitale, plus importante que celle du peuple. C'est une nouveauté ! Auparavant, la plupart des États gouvernaient en fonction des salariés, du pouvoir d'achat, des revenus. Il est très rare de gouverner pour maintenir une épargne ! »

▸ **Olivier Passet** est directeur des synthèses chez Xerfi, un institut économique privé, en charge notamment du suivi des politiques économiques. Il s'est dirigé vers l'expertise économique pour aider à la décision publique.

Depuis 2010, en échange de l'aide de la Banque centrale européenne, de l'Union européenne et du Fonds monétaire international[20], des politiques d'austérité ont été imposées en Grèce. Elles n'ont eu pour conséquence que de creuser la dette et d'appauvrir les Grecs. Le PIB a chuté de 24 %[21] depuis 2009. Entre 2008 et 2012, les 10 % les plus pauvres ont vu leur revenu diminué de 86 %[22] ;

35,6 % des Grecs risquent de vivre ou vivent déjà sous le seuil de pauvreté[23].

Giorgos Kordoulis, prothésiste dentaire dans un centre de santé publique, n'aurait jamais cru que son pays aurait pu en arriver là[24]. En 2010, il gagnait 1 400 euros. Aujourd'hui, son salaire mensuel est de 1 000 euros. Toutes les primes ont disparu. Sa femme, Yioulia, mère de deux enfants, ne travaille pas et bénéficiait d'une allocation familiale pour le deuxième enfant : elle a été réduite de plus de moitié. « Notre pouvoir d'achat a diminué comme jamais ces sept dernières années. Nous n'achetons plus que l'indispensable au supermarché », reconnaît cette mère de deux enfants. « Nous avons aussi beaucoup réduit les dépenses pour l'éducation de nos enfants, ajoute Giorgos Kordoulis. [...] Nous ne partons plus en vacances. En ce qui concerne la santé, nous avons la chance de ne pas avoir de gros soucis. Je prends des médicaments pour des problèmes cardiaques, auparavant remboursés. Aujourd'hui, je dois payer 50 euros par mois. »

▸ **Giorgos** et **Yioulia Kordoulis**, couple grec de classe moyenne, ont deux enfants de douze et vingt-trois ans. Yannis, le plus âgé, envisage de quitter la Grèce à la fin de ses études, pour trouver un travail. Avant, le salaire de Giorgos suffisait à faire vivre toute sa famille. Désormais, ce prothésiste dentaire doit puiser chaque mois 200 à 300 euros dans ses économies pour payer ses impôts. Comme de nombreuses familles grecques, il reçoit le soutien de ses parents.

Les Grecs ne croient plus au pouvoir politique, tant sa marge de manœuvre est devenue restreinte. Fait exceptionnel en Grèce : lors des élections, l'abstention a grimpé. « Le référendum de 2015 sur le plan d'aide des créanciers a été le point culminant de cette idée que la souveraineté nationale de notre pays a été bafouée, que la démocratie n'était pas respectée, précise Georges Sefertzis[25], analyste politique grec. Les citoyens grecs ont vraiment eu l'impression que leur vote n'avait plus de sens. Leur "non" avait été transformé en "oui" sans aucun scrupule. »

▸ **Georges Sefertzis** est politologue et spécialiste en communication politique. Président de la société Evresis Consulting, il a dirigé des séminaires consacrés à l'étude des comportements électoraux et sociaux.

La financiarisation de l'économie a donc des effets sur les entreprises, les salariés, les États et les citoyens. Et la liste ne s'arrête pas là. Des études récentes ont prouvé d'autres liens, plus inattendus…

L'hypertrophie de la finance et la hausse des inégalités

La taille du secteur bancaire européen est plus de 3,5 fois supérieure au PIB des pays européens[26]. Chaque jour, sur le marché des changes, 5 100 milliards de dollars sont échangés[27]. Le montant de l'ensemble de l'encours des produits dérivés* équivaut à dix fois le PIB mondial[28] ! En moins de vingt ans, ils ont été multipliés par 12[29].

Des données montrant la taille démesurée de la finance, nous pourrions en produire à l'envi. Une hypertrophie récente qui n'a pas diminué avec la crise, bien au contraire ! La finance s'est relevée beaucoup plus vite que l'économie réelle. « Normalement, avec cette crise, la finance aurait dû être comme la sidérurgie, un secteur sinistré, s'étonne Olivier Passet. Or si l'on regarde les effectifs, le niveau de l'emploi et les salaires, on se rend compte qu'il ne s'est pratiquement rien passé. »

« Je ne vois pas bien en quoi la taille du secteur financier pose problème, rétorque David Thesmar, économiste. Que fait la finance ? Elle acquiert des informations sur le système productif pour aider à partager le risque et à financer des projets d'avenir. L'acquisition d'informations est un secteur d'avenir. Il y a plein d'innovations financières. »

▸ **David Thesmar**, économiste, est professeur au MIT Sloan School of Management de Cambridge, aux États-Unis. Spécialiste des questions financières, il fait partie des économistes qui considèrent que les marchés financiers sont « assez efficients ». Il est l'un des rares économistes partageant cette opinion à avoir accepté de nous répondre[30]. Il est vrai que, dans ce carnet, nous avons privilégié des économistes de tous courants, mais plutôt critiques à l'égard du fonctionnement actuel des marchés financiers. Ce débat dépasse largement le clivage droite-gauche. Des économistes ou des politiques de tous bords alertent sur le poids excessif de la finance. Suite aux récentes crises financières, il nous semble aujourd'hui difficile de défendre l'efficience des marchés, mais ce postulat est encore la base de travail de nombreux économistes.

De surcroît, ce secteur hypertrophié est déconnecté de l'économie réelle. Seuls 12 % des actifs dans les bilans des banques européennes représentent des prêts à des entreprises non financières, et 16 % des prêts à des particuliers[31]. « La finance est hors sol, déconnectée du réel, souligne Olivier Berruyer, qui anime depuis quelques années un blog sur ces sujets. La finance est la base, le cœur de l'économie. Mais elle est devenue autonome. Le cœur est censé fonctionner au profit du reste du corps. S'il devient autonome, cela ne fonctionne pas. »

▸ **Olivier Berruyer** est actuaire, c'est-à-dire spécialiste de la gestion des risques dans la finance et l'assurance. Depuis 2011, il anime un blog (www.les-crises.fr) où ces questions sont régulièrement traitées, cumulant 600 000 visites mensuelles.

Sur les marchés des dérivés de change, à peine 8 % des échanges sont conclus avec un acteur non financier[32]. À l'origine, les produits dérivés sont utiles pour couvrir des risques. Par crainte que le dollar n'augmente, un exportateur de biens peut, par exemple, se couvrir en achetant du dollar qu'on lui livrera plusieurs mois plus tard, mais dont la valeur est fixée aujourd'hui. L'entrepreneur n'achète pas directement du dollar, mais un instrument financier. Mais aujourd'hui, dans 92 % des cas, ces produits sont purement spéculatifs. Ils n'ont aucun lien avec l'économie réelle. « Comme la finance propose des taux de rentabilité plus élevés que l'économie réelle, l'argent va vers la finance et non vers l'économie réelle », constate Romaric Godin.

Cette taille disproportionnée de la finance n'est donc pas bénéfique à l'économie. Une étude de l'Organisation de coordination et de développement économique (OCDE)[33] l'a démontré : trop de finance freine la croissance. « Lorsque le crédit bancaire dépasse 100 % du PIB, toute nouvelle progression de 10 % entraîne une réduction de la croissance de 0,3 % par an : c'est beaucoup ! indique Boris Cournède, l'un des auteurs de l'étude. De nombreux pays développés ont largement dépassé ce seuil. »

▸ **Boris Cournède** est économiste principal et chef-adjoint de la division des finances publiques à l'OCDE. En économie, le manque de crédit et de finance dans les pays en développement a beaucoup été étudié. Jusqu'ici, selon de nombreux économistes, plus de finance devait toujours conduire à plus de croissance. Les résultats de l'étude conduite par Boris Cournède sur la croissance sont donc novateurs.

Autre enseignement de cette étude : cette hypertrophie augmente les inégalités. À qualifications égales, les employés du secteur financier touchent des salaires supérieurs de 28 % en moyenne au reste de la population active. La différence grimpe à 40 % pour la tranche des dix salariés les mieux rémunérés[34].

Un constat confirmé par les travaux de l'économiste Ariell Reshef. En moyenne, dans les pays développés, les salaires dans le secteur financier ont augmenté de 36 % de plus que dans les autres domaines entre 1980 et 2008[35]. « Quand on analyse les statistiques, c'est flagrant : la hausse des salaires commence avec la dérégulation, commente l'auteur de plusieurs études sur ce sujet. Aucun autre facteur ne coïncide. Certains ont pensé que c'était dû au fait que l'on utilise beaucoup de nouvelles technologies dans ce secteur. Mais cela ne correspond pas. À chaque fois, dans les différents pays, quand la dérégulation se met en place, une hausse des salaires est observée. À chaque fois, cela correspond. »

▸ **Ariell Reshef** est directeur de recherche au CNRS et conseiller scientifique au Centre d'études prospectives et d'informations internationales (Cepii). Il a réalisé plusieurs études remarquées sur les liens entre l'hypertrophie de la finance et l'accroissement des inégalités.

Après une légère stagnation des salaires due à la crise, les rémunérations sont reparties à la hausse, malgré des réglementations qui ont tenté de limiter les bonus et autres avantages des traders. À la Société générale, les dix personnes qui gagnent le plus se trouvent dans les salles de marchés. Ils touchent même plus d'argent que leur directeur général. Entre 2013 et 2015, le montant global des dix rémunérations les plus élevées a grimpé de 82 %, pour atteindre 38,2 millions d'euros[36] en 2015 : le budget annuel d'une ville de vingt mille habitants !

La spéculation sur les denrées alimentaires

En 2011, lorsque nous avions rencontré Laurent Noilleau[37], agriculteur, la tonne de blé avait pratiquement doublé en six mois. Il avait été surpris par la flambée des prix. Il stockait un quart de sa récolte, dans l'espoir que le cours monte encore. « Il ne faut pas se voiler la face : si on m'achète mon blé plus cher, je serai plus heureux, reconnaissait ce céréalier. Ceci dit, ce n'est pas notre métier de boursicoter avec des denrées alimentaires comme le blé. Notre métier est de produire. Le métier d'agriculteur est différent de celui d'il y a trente ans. Aujourd'hui, un agriculteur peut cultiver moyennement, mais s'il vend au bon moment, il peut très bien s'en sortir. La qualité de l'agriculteur en tant que tel n'est plus récompensée. »

▸ **Laurent Noilleau** vient de prendre sa retraite. Issu d'une famille de paysans, il a été agriculteur pendant quarante ans. Dans la Beauce, son exploitation de 200 hectares de céréales est désormais gérée par son fils.

Aujourd'hui, les produits agricoles ne sont plus « à la mode » sur les marchés et les prix ont baissé. Toutefois, une nouvelle hausse pourrait intervenir à tout moment. Comment la finance et l'agriculture, deux mondes aussi éloignés, ont-ils pu s'entremêler à ce point ?

Après la crise financière des subprimes, les banques et les fonds d'investissement cherchaient de nouveaux débouchés. Ils se sont intéressés aux matières premières. Les cours ont donc flambé. Sur les marchés, les traders et autres opérateurs de marché n'achètent pas directement du blé ou de l'orge. Ils achètent des produits dérivés. Ils spéculent. « Ces produits dérivés sont utiles pour couvrir les risques, mais cette spéculation est devenue excessive, explique Thierry Philipponnat, économiste. Un agriculteur vend sa récolte de blé qu'il livrera dans six mois, au prix d'aujourd'hui. Cela lui permet de s'assurer du prix. En face de l'agriculteur, il y a un spéculateur qui va acheter la récolte à terme. Il espère que le prix continuera de grimper. Mais le système a dégénéré lorsqu'on a fabriqué des produits dont le but n'était ni de permettre à un agriculteur de se couvrir ni de se financer. C'est un détournement ! Les produits agricoles ne sont pas un produit d'investissement. Quand il y a des centaines de milliards de dollars sur ces produits, cela crée une distorsion du marché. »

▸ Économiste de formation, **Thierry Philipponnat** a travaillé pendant vingt ans dans la finance. En 2011, il a fondé puis dirigé Finance Watch, à Bruxelles. Cette association travaille sur la réglementation financière, afin que le secteur de la finance puisse œuvrer au service de la société. Il a ensuite été président du Forum pour l'investissement responsable. Il est aujourd'hui directeur de l'institut Friedland, un centre de réflexion économique créé par la chambre de commerce et d'industrie de Paris-Île-de-France.

Le but de ces spéculateurs : parier sur la hausse ou la baisse des prix des céréales. Ils amplifient les fluctuations de prix et déconnectent les bourses de la réalité. Selon David Bicchetti, économiste aux Nations unies[38], les spéculateurs influent sur les cours plus que la sécheresse ou la demande en céréales. Cet économiste a participé à la réalisation d'une étude[39] qui a analysé des millions de transactions, même celles réalisées à la microseconde par des ordinateurs. Le constat est sans appel : le prix des matières premières suit le prix des actions des plus grandes entreprises cotées en bourse. « Par exemple, c'est une entreprise spécialisée en haute technologie qui déterminera le prix de la vache qui broute son herbe. Ce n'est ni le consommateur final ni le producteur, ce qui n'a absolument aucun sens. C'est ridicule ! » affirme David Bicchetti, estimant que sur les marchés de produits agricoles 60 % à 80 % des changements de prix sont dus à la spéculation.

▸ **David Bicchetti** est économiste à la Conférence des Nations unies sur le commerce et le développement (Cnuced). Il a participé à plusieurs études remarquées sur l'impact de la spéculation sur le prix des matières premières. Les débats sur ce sujet ont été très vifs. Désormais, peu de personnes réfutent l'impact de la spéculation sur les tarifs de produits alimentaires, alors qu'avant 2010 leurs conséquences étaient souvent niées.

Les répercussions de cette spéculation sont très graves. En 2008 et 2011, la flambée des cours à Chicago a provoqué des émeutes de la faim dans de nombreux pays du Sud. En 2011, quarante-quatre millions de personnes[40] supplémentaires ont souffert de la faim à cause de l'augmentation des prix des denrées alimentaires – l'équivalent de la population entière d'un pays comme l'Espagne ou l'Ukraine. Certains pays en développement sont devenus très dépendants de l'achat de céréales importées des pays occidentaux pour nourrir leurs habitants, notamment ceux de villes en extension continue.

Une nouvelle réglementation sur la spéculation de ces produits de base est en cours d'élaboration… depuis 2011 ! Les modalités seraient très décevantes. Et pourtant, des solutions simples existent. Les régulateurs pourraient limiter l'entrée de ce marché à des investisseurs qualifiés. Les fonds de pension et les banques qui investissent sur ces marchés par le biais de paniers de titres sur les matières premières ne devraient pas avoir accès aux produits agricoles. Ils ne prennent pas en compte la spécificité et la réalité de chaque marché. Aujourd'hui, sur certains marchés de denrées alimentaires, plus des deux tiers des acteurs sont des spéculateurs, alors que leur part devait être limitée à 20 % ou 30 %, selon David Bicchetti.

La nature, nouveau terrain de jeu des financiers ?

Les excès de la finance sont à l'origine de répercussions néfastes sur les salariés, les citoyens, le prix des denrées alimentaires de base. Qu'en est-il de la nature ? Les services rendus par les abeilles qui butinent doivent-ils avoir un prix ? Existera-t-il, un jour, des titres qui parieront sur la disparition des ours ou des baleines ?

Aujourd'hui, ces débats font rage, même au sein des défenseurs de l'environnement. Sur ce thème, il n'est pas toujours facile d'être précis car la financiarisation de la nature est en cours. Nous en sommes aux prémices.

Il semble d'abord nécessaire de faire la distinction entre privatisation, marchandisation, monétarisation, financiarisation de la nature et marché de compensation. Ces différents concepts sont à la source de nombreuses confusions.

La privatisation de la nature n'est pas récente. Des terrains sont vendus, tous les jours, pour construire des maisons et autres projets immobiliers. Les semences[41] sont aussi un cas révélateur de la privatisation, puis de la marchandisation de la nature. La grande majorité des semences sont devenues des biens appartenant à des multinationales, grâce aux brevets et aux certificats d'obtention végétale.

À l'origine, la monétarisation a été défendue par les écologistes pour démontrer la valeur de la nature, à une époque où ils n'étaient pas du tout écoutés. « Je suis pour la monétarisation de la nature, sinon elle ne compte pas, souligne ainsi Pascal Canfin, directeur de l'association WWF. Le fait de donner un prix monétarise, mais ne financiarise pas. La baguette de pain a un prix : diriez-vous qu'elle est financiarisée ? »

▸ **Pascal Canfin** est directeur de l'association WWF. Ancien journaliste, il a également été député européen et ministre délégué au Développement dans le gouvernement de Jean-Marc Ayrault, entre 2012 et 2014.

Des travaux ont tenté d'évaluer les services rendus par la nature. À l'échelle mondiale, la valeur économique de la pollinisation par les insectes est estimée à 153 milliards d'euros, soit 9,5 % du rendement agricole[42]. Une étude a même évalué les services rendus par l'ensemble des écosystèmes : en moyenne, 33 000 milliards de dollars par an[43] ! « Le chiffrage monétaire ne signifie pas vente ou marché, estime Aurore Lalucq, économiste. Quand il y a une taxe, un impôt, une amende, une condamnation pénale, il s'agit d'un montant monétaire, mais il n'y a pas de marché. La question de la monétarisation peut être parfois efficace, mais c'est à double tranchant. Donner un prix à la nature, c'est impossible. Pour monétariser la nature, on réduit un écosystème à une seule fonction. Au départ, il y avait la volonté d'alerter, mais c'est un jeu très dangereux : on obtient des chiffres qui ne veulent rien dire. »

▸ **Aurore Lalucq** est cofondatrice de l'institut Velben, dont la mission est de remettre l'économie au service du bien commun et de la société. Économiste de formation, elle s'est toujours intéressée aux questions environnementales.

« Pour évaluer une barrière de corail, on prend en compte le nombre de touristes, de poissons pêchés, renchérit Sandrine Feydel, journaliste. La valeur monétaire d'un récif moins visité sera moins importante. Cela coûtera donc moins cher d'aller détruire certains endroits plutôt que d'autres, non à cause de la valeur écologique, mais en raison de la valeur marchande. »

▸ **Sandrine Feydel**, journaliste à la rédaction de France 3, a réalisé un documentaire diffusé sur Arte et coécrit un livre sur la financiarisation de la nature. Ce sujet l'a particulièrement intéressée car il touche l'essence même du vivant.

Un exemple au Costa Rica[44] a souvent été mis en avant comme une grande réussite. Un propriétaire de plantation de café avait conclu un contrat avec le propriétaire d'une forêt avoisinante pour services rendus. Sans la forêt, il aurait loué des ruches pour polliniser les cultures. Le propriétaire de la plantation aurait payé 60 000 dollars par an. Seulement voilà : sur les marchés, le prix du café a chuté. La culture d'ananas a remplacé le café, une culture qui n'avait pas besoin d'abeilles. Avec cette logique, la forêt n'aurait donc plus aucune utilité…

Cette monétarisation est à l'origine d'une autre dérive : la compensation. Elle a commencé aux États-Unis avec des banques de compensation. Ce nom est trompeur car ces établissements ne sont pas des banques. Soit, par exemple, un entrepreneur qui veut créer un hôtel sur une zone humide. Aux États-Unis, la réglementation l'oblige à payer une banque de compensation, censée compenser son impact en restaurant une autre zone humide. « Le problème de ce système est qu'il donne bonne conscience, alors qu'il est impossible de compenser la destruction de la mangrove, par exemple, regrette Aurore Lalucq. On sait la détruire, mais pas la reconstruire. »

Ces systèmes de compensation sont l'objet de nombreuses critiques. Dans les faits, ils ont montré leurs limites. « On ne peut pas compenser, estime Hélène Tordjman, économiste. C'est stupide et réducteur. Cela procède d'une idéologie scientiste, hyper-réductionniste du vivant. Compenser ne provient pas de mécanismes financiers. Ces compensations sont dues à des réglementations étatiques, mais elles résultent de la financiarisation des esprits. »

▸ **Hélène Tordjman** est économiste à l'université Paris-13, un laboratoire associé CNRS et CEPN (Centre d'économie de Paris Nord). Spécialiste des questions financières, elle a perçu des problématiques similaires entre la finance et les semences. Elle a souhaité élargir ses recherches à un domaine encore peu exploré : la financiarisation de la nature.

En effet, la monétarisation et la compensation utilisent des mathématiques complexes pour modéliser la vie, la nature. « On simplifie et on essaie d'opérer une valorisation du vivant. Il n'y a pas création de titres financiers, mais, de mon point de vue, financiarisation, affirme Maxime Combes, économiste. Comme en finance, on utilise un outil très artificiel pour simplifier la réalité et essayer de créer une valorisation à long terme. On s'extrait de la réalité pour discuter de concepts qui n'ont plus réellement de liens précis avec la nature. Une forêt n'est pas une simple addition d'arbres… »

▸ **Maxime Combes**, économiste et membre de l'association d'Attac, suit les questions écologiques pour cette association. Il rédige également une thèse sur la compensation écologique.

Avec le marché du carbone, l'Europe n'échappe pas à la compensation. Pour l'instant, c'est un échec. Le prix de la tonne de CO_2 est trop faible pour représenter un coût significatif pour les entreprises et, ainsi, les empêcher de polluer.

Autre critique sur ce marché : lorsqu'une entreprise dépasse les quotas, elle peut continuer à polluer si elle investit dans un projet propre dans le reste du monde. C'est ainsi que des entreprises ont acquis des terres cultivées par des paysans du Sud afin de planter des eucalyptus, arbres qui sont loin de créer une forêt et ont même des conséquences néfastes pour les sols.

Contrairement aux banques de compensation, sur le marché carbone, la tonne de CO_2 est bien échangée sous forme de titres financiers. « Le but n'est pas de financiariser la nature, analyse Alain Grandjean, coauteur d'une étude sur le marché carbone. Le CO_2 n'a pas de prix, c'est un outil. Si les émissions de CO_2 ne coûtent rien, elles ne comptent pas dans le calcul. L'idée est de dire aux entreprises : si vous perturbez le climat, ça va vous coûter cher. »

▸ Polytechnicien, **Alain Grandjean** est économiste, fondateur et associé de Carbone 4, un cabinet de conseil et d'études sur le carbone. En 2015, il a rédigé avec Pascal Canfin un rapport sur les financements du climat[45].

Le marché carbone entre dans le vaste champ de la finance verte. Dans ce cas, le but n'est pas de financiariser la nature, mais d'essayer de réorienter les investissements de la finance vers la transition écologique ou des projets moins polluants. En janvier 2017, la France a émis 7 milliards d'euros d'obligations vertes pour financer des projets bénéfiques à l'environnement. Paris voudrait même devenir la capitale de la finance verte. Mais, de l'avis de certains spécialistes, les critères des obligations vertes ne sont pas toujours assez contraignants ; il faudrait des labels plus précis. Faute de définition claire, la finance verte permet à des entreprises de réaliser du « *green washing* » – du marketing vert.

Ces critères flous risquent en outre d'amenuiser la frontière avec des titres financiers plus dangereux, adossés à la nature. Il existe aujourd'hui des obligations qui donnent des droits sur les revenus futurs d'une forêt. Ils peuvent avoir un impact sur la façon de la gérer. D'autres produits financiers, les «*cats bonds*», parient sur de futures catastrophes naturelles. Il est donc possible de spéculer sur l'intensité d'un ouragan ou d'un tsunami. «Ces outils pourraient être élargis à n'importe quoi, s'inquiète Hélène Tordjman. Si les lions disparaissent, je touche tant d'argent car j'avais parié sur leur disparition. Ces titres financiers pourraient exister. Nous n'en sommes pas loin. Certains en discutent.»

De l'avis des économistes que nous avons interrogés, de tels titres sont encore très limités, mais ils sont en cours d'élaboration. «Quand je discute avec tous mes anciens collègues des marchés, ils sont tous d'accord pour dire que le meilleur investissement à trente ans, c'est l'eau, alerte Fréderic Hache, spécialiste de la finance. C'est le plus rentable, de très loin. Par le passé, des *hedge funds* [fonds spéculatifs] ont déjà tenté d'acheter des glaciers en Islande, d'autres ont essayé de mettre en place des marchés de trading de permis d'eau en Australie, mais on n'en est qu'aux balbutiements.»

▸ **Fréderic Hache** a travaillé pendant douze ans sur les marchés financiers, notamment pour la BNP Paribas et au Crédit suisse. Il a ensuite dirigé l'analyse politique à Finance Watch, une organisation non gouvernementale qui milite pour une autre finance.

Les frontières de la finance verte méritent donc d'être mieux définies. Tenter de réorienter les investissements de la finance vers une économie moins polluante, vers des projets écologiques, ne peut qu'être perçu comme une tentative louable. Ces milliards d'euros seront bien utiles. Mais, selon de nombreux économistes, cela ne suffira pas à financer la transition écologique. « Il faut être réaliste, estime Hélène Tordjman. Si l'on observe les performances de la finance depuis vingt ans, il y a de quoi être dubitatif sur sa capacité à réorienter les investissements dans les bons secteurs. Nous cherchons les solutions dans les mécanismes à l'origine du problème. C'est à cause du marché et de la technique que nous en sommes là. Nous cherchons les solutions dans le marché et la technique, alors qu'il faudrait faire un pas de côté. »

« La finance vient de mettre l'économie mondiale au bord du gouffre, ajoute Maxime Combes. On voudrait confier à cette même finance la gestion de biens communs qui sont essentiels à la survie. Est-ce bien raisonnable ? »

La nature était la dernière frontière qui résistait encore à la finance. Les conséquences pourraient être irréversibles. Comment a-t-on pu en arriver là ? Comment le secteur financier a-t-il pu prendre autant d'ampleur et avoir autant d'impact sur l'ensemble de la société ?

DEUXIÈME PARTIE

Les moyens d'expansion de la finance

Dans les années 1970-1980, de nombreux pays ont mis en place des mesures de libéralisation. Symbolisée par Ronald Reagan aux États-Unis et Margaret Thatcher en Angleterre, cette dérégulation a touché tous les domaines : du marché du travail aux secteurs financiers et bancaires. À l'époque, la plupart des politiques et des économistes étaient convaincus que les règles étaient devenues trop contraignantes et que, si les capitaux circulaient librement, ils s'orienteraient vers les structures les plus rentables. Les capitaux seraient alors alloués plus efficacement pour l'ensemble de la société.

Déréglementation et complexification

Au-delà des débats autour de la libéralisation des marchés, cette théorie ne prend pas en compte la spécificité des banques et des marchés financiers.

Les plus grandes banques, dites systémiques, ne peuvent pas faire faillite, au risque de perdre les dépôts de millions de citoyens et d'entraîner l'économie d'un pays, voire de plusieurs, vers l'effondrement. Cet écroulement de l'économie mondiale a failli se produire lors de la crise des subprimes. Il a fallu renflouer de nombreuses banques. Des économistes ont alors dénoncé une privatisation des profits et une socialisation des pertes. Pour que le marché soit totalement libéralisé, il faudrait laisser les banques faire faillite. « Le fait de savoir que les pouvoirs publics mettront la main à la poche à la place des créanciers change les comportements des investisseurs sur les marchés, rappelle l'économiste Jézabel Couppey-Soubeyran. Ils prennent moins en compte le risque. Cette garantie implicite de sauvetage a permis aux établissements financiers systémiques de se financer à moindre coût sur les marchés. De la sorte, ils ont pu se développer davantage, avec l'assurance accrue d'être secourus. C'est ainsi qu'ils sont devenus de plus en plus gros. Les banques ont développé de plus en plus d'activités sur les marchés. Il faut penser les banques et les marchés de façon très imbriqués. On a eu tendance à les séparer. Les plus grands acteurs des marchés sont les banques, je ne cesse de le répéter à mes étudiants. »

▸ **Jézabel Couppey-Soubeyran**, maître de conférences à l'université Paris-1 Panthéon-Sorbonne, enseigne l'économie monétaire et financière. Selon cette économiste, ces domaines ne doivent pas être pensés de façon binaire à solution unique – soit le marché, soit l'État –, mais il faut allier mécanismes de marchés et intervention publique.

Cet aléa moral encourage la concentration bancaire : les quatorze premières banques systémiques gèrent près de 90 % des encours des produits dérivés[1]. « Il n'y a que quatorze banques sur quarante mille dans le monde qui fabriquent ces produits, détaille François Morin. On a des statistiques de la Banque des règlements internationaux, il y a des kilotonnes de statistiques. »

« Sur les marchés des produits dérivés, il existe une concentration extrême, renchérit Thierry Philipponnat. Pourquoi ? Parce que, derrière une très grosse banque, l'État intervient en cas de problème. Personne ne prendrait des risques aussi considérables. Ce n'est pas du tout un hasard. Ces banques ne peuvent pas faire défaut. »

Grâce à cette garantie publique, les États supportent, en dernier recours, les risques pris par les banques. Et c'est bien le problème des financiers : plus personne ne veut assumer les risques. Contrairement à une idée reçue, les acteurs des marchés financiers et des banques ne prennent guère de risques. Ils souhaitent une rentabilité élevée et constante. Grâce à la dérèglementation des années 1980, une série de produits toujours plus complexes a été inventée, des instruments qui permettent de se protéger de tout risque. Ces assurances, bien sûr, ont un coût et font gonfler le poids des marchés. « On a inventé un système où il est possible de ne plus prendre en compte les variations de marchés, souligne Thierry Philipponnat. Il y a un côté autodisciplinant quand on court des risques. Si on ne prend plus de risques, cela change la donne. »

Les produits dérivés peuvent être utiles pour couvrir les risques de variations de cours pour l'agriculteur ou ceux des taux de change pour un entrepreneur qui aurait besoin de dollars ou d'euros... Mais, parmi les dérivés, il existe des produits sans utilité économique comme les CDS* (*credit default swaps*), les contrats sur le risque de défaut de crédit, des dérivés de crédit. « À quoi servent les dérivés de crédit ? À rien, ajoute Thierry Philipponnat. Un banquier qui prête de l'argent à une entreprise est utile. Mais si un établissement financier ne prête que s'il peut couvrir son risque car il n'a pas confiance, il ne devrait pas prêter cet argent. Il faut revenir à la base du métier. »

Ces produits permettent, entre autres, de séparer le risque de crédit de la créance. « Avec ces dérivés, il n'est pas utile de prouver que vous avez un fait assurable, explique Christophe Nijdam. Pendant la crise de 2007, les investisseurs ont pu parier sur les défaillances des crédits avec un montant bien plus élevé que celui des subprimes. C'est comme si j'avais pris cent assurances incendie sur votre maison sans la posséder : j'ai intérêt que votre maison brûle ! »

▸ **Christophe Nijdam**, spécialiste bancaire, a été banquier pendant treize ans, dont dix ans à New York, puis il a été responsable d'un bureau d'analyse financière, avant de diriger l'ONG Finance Watch. Membre de l'Autorité bancaire européenne, il dénonce la financiarisation à outrance, néfaste au métier de banquier, un métier qu'il a beaucoup apprécié.

L'autre instrument qui permet aux établissements financiers de ne pas supporter le risque est la titrisation*, qui a été l'une des causes de la contagion de la crise des subprimes. Créée pour contourner la législation, la titrisation permet d'externaliser les risques. Cette technique donne la possibilité de transformer des actifs comme des crédits en titres financiers et de les revendre à d'autres sociétés. Elle permet de sortir ces actifs du bilan de la banque : les opérations ne sont pas comptabilisées dans le bilan comptable des établissements. Par ce tour de passe-passe, les banques échappent à la règlementation, notamment à celle des fonds propres. Ces paquets d'actifs peuvent avoir des tranches avec des actifs plus ou moins risqués et être mélangés à d'autres produits financiers.

Avant la crise des subprimes, les financiers ont cru qu'avec cette technique ils pouvaient disséminer et réduire le risque, les titres risqués étant répartis et divisés au sein de nombreux produits financiers. Or, c'est exactement l'inverse qui s'est produit. « Ce sont des contrats qui font des centaines de pages, déplore Laurence Scialom. Et personne ne sait ce qu'il y a dedans. Il suffit, par exemple, qu'il y ait suspicion qu'un paquet détienne des subprimes pour que plus personne ne veuille en acheter. »

▸ **Laurence Scialom** est professeur à l'université Paris Ouest-Nanterre-La Défense. Spécialiste des questions financières et bancaires et des politiques publiques de régulation, elle est également membre de l'Autorité de contrôle prudentiel et de résolution et experte auprès du *think tank* Terra Nova.

Afin d'évaluer ces produits structurés complexes, les marchés ont eu de plus en plus recours aux agences de notation. L'utilisation des notes de ces agences pour évaluer les produits financiers a même été imposée dans la règlementation, malgré des conflits d'intérêts évidents. Ces agences évaluent les produits créés par des établissements et sont payées par ces mêmes établissements. Les agences de notation n'ont pas du tout anticipé la crise des subprimes et avaient surnoté ces fameux crédits octroyés à des ménages insolvables. Leur rôle d'évaluation a alors été beaucoup critiqué.

Grâce à la titrisation et à certains produits dérivés, les acteurs des marchés financiers trouvent toutes les astuces possibles pour se passer le risque comme une « patate chaude », le plus rapidement possible et en prélevant, à chaque fois, une commission.

La dérèglementation a eu un autre impact : elle a augmenté la liquidité* sur les marchés. Plus un marché est liquide, plus les titres financiers peuvent être achetés ou vendus, n'importe où et à n'importe quel moment. « Sur les marchés financiers, la liquidité est un concept central. Elle est pour partie favorable et pour partie défavorable, décrypte André Orléan. Si vous effectuez un investissement qui n'est pas liquide, il est immobilisé. C'est une forte contrainte pour celui qui le possède. Si l'investisseur a besoin d'argent, il ne peut en avoir à tout moment. La liquidité est un élément rassurant pour l'investisseur. Mais la contrepartie de ce gain est que la liquidité conduit l'investisseur à se focaliser sur le court terme plus que sur le long terme. »

Si un investisseur peut vendre son titre à tout moment, il sera tenté d'exploiter à son avantage les variations de prix d'un titre à court terme. Pourtant, le rôle d'un investisseur est de prévoir et d'anticiper. « À court terme, les investisseurs s'occupent plus de l'opinion et du comportement des autres acteurs que des fondamentaux et des perspectives à long terme, poursuit André Orléan. Tous les acteurs financiers anticipent les mêmes évolutions, si bien que leurs prévisions ne peuvent que se réaliser. Imaginons une devise très basse. Chacun constate qu'elle est sous-évaluée. Et comme tout le monde pense que le marché va baisser, le marché baisse. »

Du fait de ce mimétisme, le financier se dégage encore une fois de sa responsabilité et de sa fonction : prendre des risques. « Sur les marchés, il existe une gestion passive, indique Thierry Philipponnat. De nombreux agents achètent de tout, en permanence. Ils ne peuvent pas se tromper car ils prennent modèle sur les autres. Sur les marchés financiers, la plupart des investisseurs sont plus heureux d'avoir tort ensemble que de prendre le risque d'avoir raison seuls. »

Autre spécificité des marchés financiers, selon André Orléan : dans ce domaine, il n'y a pas d'un côté les acheteurs et, de l'autre, les producteurs ou les vendeurs. Il n'y a que des investisseurs. Sur les marchés financiers, un acheteur peut devenir un vendeur quelques secondes plus tard. « Les marchés financiers ne fonctionnent pas du tout comme un marché de marchandises, poursuit André Orléan. La loi de l'offre et de la demande ne fonctionne pas. La preuve en est que, dans un marché normal, lorsqu'un prix augmente, cela fait baisser la demande. Mais sur un marché de titres, ce peut être l'inverse. Pourquoi ? Parce qu'on y voit le signal d'une augmentation future. De même, les prix d'un titre peuvent chuter de façon drastique sans que personne n'achète. C'est pour cela que les banques centrales sont obligées d'intervenir. »

Suite à la déréglementation, de nouvelles techniques, toujours plus sophistiquées, ont été mises au point afin que les financiers n'assument plus leur rôle. Des techniques tellement complexes qu'il est très difficile, y compris pour les spécialistes du secteur et les dirigeants de banques eux-mêmes, de savoir ce qui se cache dans leur propre établissement. On pourrait comparer les marchés financiers à une sorte de « monstre » toujours en mouvement qu'il faut sans cesse nourrir d'innovations financières, créées en grande partie grâce à des mathématiques de très haut niveau.

Les mathématiques les plus savantes au service de la finance

En trente ans, les formules mathématiques ont envahi les ordinateurs des financiers. À la Bourse de Paris, plus aucun trader, mais les meilleurs mathématiciens. Quel symbole ! Dans les salles de marchés, les écrans des traders sont remplis de chiffres. Acheter ou vendre des actions dépend en grande partie de formules « magiques » reposant sur des théories très complexes.

Certaines de ces formules sont créées par des entreprises spécialisées dans ce domaine. Nous avons rencontré les fondateurs de l'une de ces sociétés[2]. Même s'il serait très difficile de les décrypter, impossible de connaître certaines des formules inventées par ces polytechniciens : « Il y en a certaines que je garde secrètes, raconte Philippe Henrotte, cofondateur d'ITO 33. C'est dix ans de travail et de recherche pour obtenir des qualités que d'autres ne peuvent pas avoir. »

▸ **Philippe Henrotte**, polytechnicien, docteur de l'université de Stanford, a cofondé ITO 33, une entreprise qui invente des formules mathématiques pour les grandes places financières, de Paris à New York.

Même si, dans les formules les plus utilisées, le nombre de paramètres est limité, certaines peuvent en inclure plus de deux cents, comme les taux d'intérêt ou la date d'achat d'une action. On modélise même le hasard, l'aléatoire. Toutes ces données intégrées dans les formules mathématiques sont des informations internes aux marchés et prennent très peu en compte l'économie réelle. Ces formules sont louées à prix d'or dans les bourses du monde entier. Elles servent à évaluer les risques.

Mais les mathématiques ont donné l'illusion que l'on pouvait tout prévoir. Encore une fois, les banques et les fonds d'investissement ont gagné de l'argent sans vouloir prendre de risque. « Ce sont des apprentis sorciers, ils sont manipulés et aveuglés par les instruments qu'ils utilisent, précise Dominique Plihon, économiste. Les modèles ont toujours tendance à sous-évaluer les risques. Ils reposent sur des hypothèses qui ne correspondent pas à la réalité. Ils sont "hors-sol". Les mathématiques sont très prestigieuses, les mathématiciens sortent des plus grandes écoles. On a tendance à les croire, à les valoriser. Certes, la finance a besoin de mathématiques, mais il faut relativiser les résultats et les interpréter avec prudence. »

▸ **Dominique Plihon**, économiste et porte-parole d'Attac, a travaillé à la Banque de France et à l'ex-Commissariat général du Plan. Professeur émérite à l'université Paris 13, il considère la finance et la monnaie comme des rouages fondamentaux, mais sous-estimés, pour comprendre nos sociétés.

Les mathématiques isolent, abonde Nicolas Bouleau, mathématicien. Ce chercheur fut l'un des premiers, il y a trente ans, à relier ces deux secteurs. Les maths ont trouvé dans la finance un terrain de jeu. La finance a, elle, trouvé dans cette matière un outil pour se développer. Mais aujourd'hui, cet éminent mathématicien l'avoue, les maths ont trop envahi la finance. « C'est dur à dire pour un mathématicien, mais oui, il y a trop de maths dans la finance, reconnaît Nicolas Bouleau. Elles simplifient trop le réel. Elles isolent les banques. C'est une technicité très fine et élitiste. On fait trop confiance à la charpente mathématique et on ne prend pas assez en compte l'ancrage réel, social, géographique et historique. On oublie d'aller sur le terrain. On n'envoie plus les ingénieurs voir ce qui se passe dans les entreprises pour évaluer si telle innovation est pertinente ou non. On reste devant des écrans, on regarde ce que dit le marché et on fait des maths avec. »

▸ **Nicolas Bouleau**, polytechnicien, mathématicien, a dirigé pendant dix ans le centre de mathématiques de l'École des Ponts ParisTech. Il est connu pour avoir inventé et développé une théorie de la propagation des erreurs dans les modèles complexes.

Ces mathématiciens employés par les établissements financiers proviennent des meilleures écoles. La France est particulièrement réputée dans ce domaine. À Polytechnique, un master spécialisé a formé mille deux cents étudiants[3] aux mathématiques financières. À l'École nationale des ponts et chaussées, en 2016, 11 % des étudiants[4] se sont dirigés vers les banques et les assurances. « Il y a une perte. Toute cette matière grise pourrait être utile à l'environnement, souligne Nicolas Boulcau. Aujourd'hui, les problèmes les plus difficiles sont ceux de la planète. C'est là où on a besoin des jeunes les plus brillants. A-t-on besoin d'eux dans la finance ? Ce n'est pas tout à fait sûr. Ils sont très bien rémunérés, mais cela ne changerait pas grand-chose s'il y en avait deux fois moins. »

Pour l'instant, la crise n'a pas servi de leçon. Les banques utilisent toujours les mêmes formules pour essayer de modéliser le hasard, l'aléatoire, au risque de reproduire les mêmes dérives et de complexifier toujours un peu plus les marchés financiers.

Les ordinateurs au service de la frénésie

En à peine vingt ans, les salles de marché ont complètement changé. Dans les bourses du monde entier, c'est le même constat : il y a beaucoup moins de bruit et d'agitation. Les opérateurs ont été remplacés par des ordinateurs superpuissants qui font tourner des formules mathématiques à la vitesse de la lumière.

Les achats et les ventes d'actions naguère réalisées par téléphone en plusieurs minutes s'effectuent aujourd'hui à la microseconde par des logiciels dernier cri. Cette pratique a un nom : le trading haute fréquence.

Informatisation, court-termisme : le temps de détention d'une action a donc chuté. En 1940, aux États-Unis, un investisseur gardait en moyenne une action sept ans[5]. En 2007, il ne la conserve plus que sept mois, une donnée qui ne prend même pas en compte le trading haute fréquence. En intégrant cette pratique, des économistes évaluent la durée moyenne à seulement… vingt-deux secondes[6] !

L'objectif du trading haute fréquence est d'être plus rapide que le concurrent. Un investisseur veut, par exemple, acheter cent actions. Un autre agent, bénéficiant d'une liaison plus rapide, les achète avant l'investisseur intéressé, avant de les lui revendre à un prix un peu plus élevé.

En 2016, en France, 55 % des transactions ont été réalisées par le biais du trading haute fréquence[7].

« La dérèglementation et l'informatisation ont donné naissance au trading haute fréquence, indique Sébastien Béguin, ancien manager chez

Euronext. Au fur et à mesure de la mise en place de la dérèglementation, il a fallu que les clients soient davantage performants. Ils sont entrés de plus en plus en compétition les uns avec les autres. Les bourses sont elles aussi entrées davantage en concurrence. C'est ainsi que l'on a vu le trading haute fréquence s'installer en Europe. »

▸ Pendant quatorze ans, **Sébastien Béguin** a travaillé à Euronext, une bourse issue de la fusion de celles d'Amsterdam, de Bruxelles, de Paris, de Londres et de Lisbonne. Il était responsable du support technique au sein de la direction, au cœur du réacteur. Aujourd'hui, il a repris une entreprise familiale de savons et de cosmétiques naturels, Les Essentiels, dans le sud de la France. Même si son salaire a baissé, il ne regrette pas son choix car il a gagné en qualité de vie. « Dans une TPE, lorsqu'on sort un nouveau produit, je peux vous assurer qu'on réfléchit à la rentabilité du produit, précise-t-il. Mais chez Euronext, on gagnait trop d'argent et cela polluait la créativité. On faisait payer des services que l'on n'aurait pas dû. Parfois, c'était l'inverse… »

Le trading haute fréquence demande de lourds investissements. Les banques et autres acteurs des marchés financiers regroupent leurs ordinateurs hyperpuissants dans des *data centers*. Acheter ou vendre des actions, la décision appartient à des serveurs nourris de formules mathématiques. Grâce à la fibre optique, les ordres sont passés à la vitesse de la lumière. Les établissements financiers en sont même arrivés à se battre pour placer leur serveur informatique au plus près d'un lieu bien gardé :

les ordinateurs qui donnent accès aux bourses du monde entier. Voilà pourquoi les établissements financiers ont leurs serveurs dans le même *data center*. À l'intérieur, chaque mètre de fil compte, afin de gagner quelques microsecondes supplémentaires ! « On parlait déjà de secondes, c'était rapide. Mais on est passé à la milliseconde ou la microseconde. Ça n'a plus trop de sens, déplore Sébastien Béguin. Ces entreprises bombardent des ordres en fonction du prix et de leur stratégie. À la fin, elles ne détiennent rien, mais elles ont gagné de l'argent. Or pour que cela marche, il faut bien que d'autres détiennent ces titres. Ceux-là se font avoir. On ne peut pas jouer qu'entre personnes qui ne détiennent rien. Par exemple, ceux qui boursicotent seuls sur Internet se battent contre un marché de professionnels. Comparons avec une course de voitures : les acteurs du trading haute fréquence ont une Formule 1 et les autres sont à pied. Ils ne pourront jamais gagner. »

Cette pratique encourage la concentration du secteur. À Paris, les trois entités les plus importantes cumulent 40 % des ordres[8]. « Le trading haute fréquence, c'est un détournement de l'intérêt même d'un marché financier, constate Thierry Philipponnat. À la base, un marché financier est un lieu où peuvent se rencontrer une entreprise qui vient se financer et un financeur qui croit à cette entreprise. Le trading haute fréquence est une sorte de capture. On ne s'intéresse plus ni à l'investisseur ni à l'émetteur. On travaille à la nanoseconde. On oublie ce qu'est un marché. Ça va tellement vite que personne ne voit rien. »

Jean-Michel Naulot, ancien banquier d'affaires et régulateur, renchérit : « L'utilité sociale est absolument inexistante. Et pourtant, le trading haute fréquence a beaucoup augmenté depuis la crise de 2007. Ses acteurs envoient des milliers d'ordres dans la seconde, ils en annulent 90 %, voire 98 %. En essayant d'intoxiquer le marché et de deviner avec un petit temps d'avance ce que vont faire les acteurs en face, ils gagnent de l'argent. Cela ressemble à de l'abus de marché. Il faudrait taxer les ordres annulés. C'est très simple à faire, mais on ne veut surtout pas le faire. »

▸ **Jean-Michel Naulot** a été banquier d'affaires pendant trente-sept ans. Directeur de grandes entreprises financières françaises et européennes, puis conseiller principal de salles de marchés de grandes banques, il a beaucoup aimé son métier de financier et a voulu s'engager en tant que citoyen dans la régulation. Parallèlement, il a été nommé membre du collège de l'Autorité des marchés financiers (AMF), où il a consacré beaucoup de temps à l'élaboration de nouveaux textes sur la régulation financière européenne.

Ces transactions à la microseconde sont difficiles à surveiller par l'Autorité des marchés financiers (AMF). Ces gendarmes de la Bourse ont dû investir pour vérifier ces millions d'ordres, d'autant plus qu'il peut y avoir des manipulations de cours ou des « *flash crash* ». Ces « krachs éclair » ne sont pas créés volontairement ; ils proviennent souvent de la combinaison d'algorithmes. Des milliards d'euros peuvent disparaître puis réapparaitre en quelques secondes.

Aujourd'hui, toutes les réglementations n'ont pas encore été appliquées. L'entrée de nouveaux acteurs dans ce domaine est devenue plus difficile. La transparence a gagné du terrain, même si des progrès considérables restent à faire. Déclarer les ordres n'est toujours pas obligatoire. Les coupe-circuits pour stopper un *flash crash* ne sont toujours pas harmonisés en Europe. « Le régulateur canadien, lui, facture les modifications et les annulations d'ordre en fonction du coût informatique qu'il doit assumer. Nous n'en sommes pas là en Europe, reconnaît Philippe Guillot, directeur en charge de la direction des marchés à l'AMF. Mais facturer dans une certaine mesure les annulations et modifications d'ordres serait un excellent moyen limitatif du trading haute fréquence. »

▸ **Philippe Guillot** est directeur de la Direction des marchés à l'AMF. Après avoir travaillé pendant plus de vingt ans sur les marchés financiers à Paris ou à Londres, il a rejoint l'AMF en 2012. Cette autorité publique indépendante surveille, contrôle, régule, enquête et parfois même sanctionne les acteurs de la place financière française.

L'évasion fiscale, facteur méconnu des excès de la finance

L'évasion ou optimisation fiscale est due au fait que les capitaux peuvent circuler librement partout dans le monde, alors que la fiscalité est restée nationale, symbole de la souveraineté des pays.

Certains ménages très riches, mais surtout des grands groupes profitent des différences de fiscalité. Dans ce domaine, les estimations sont toujours difficiles à établir. Selon le Syndicat national des finances publiques, la fraude et l'évasion fiscale représenteraient 60 à 80 milliards d'euros par an en France, soit entre 16,7 % et 22,3 % des recettes fiscales[9] : l'équivalent du déficit public annuel de notre pays ! Selon l'OCDE, sur l'ensemble de la planète, le montant de l'optimisation fiscale des multinationales est évalué entre 100 et 240 milliards de dollars par an[10]. Cette estimation est volontairement basse. Il faudrait la doubler pour obtenir un chiffre plus réaliste. Ces chiffres sont d'autant plus inadmissibles que, depuis une dizaine d'années, les plans d'austérité s'enchaînent. Des efforts ne cessent d'être demandés aux citoyens de nombreux pays.

Pour aider les multinationales à échapper aux impôts, des cabinets d'avocats et de fiscalistes se sont même multipliés un peu partout dans le monde. « Les groupes ne font qu'appliquer les lois dictées par les pays – Pays-Bas, Irlande, France – lorsqu'ils y font des affaires, se défend Gianmarco Monsellato[11], avocat fiscaliste de grands groupes. Il est vrai qu'en Europe et dans le reste du monde il y a une compétition fiscale entre les pays. Les entreprises n'en sont pas responsables. »

▸ **Gianmarco Monsellato** a dirigé pendant dix ans le cabinet d'avocats Taj, spécialisé en stratégies fiscales. Membre du comité de direction d'un grand cabinet d'audit, Deloitte, il conseille et défend de grands groupes français dans leur politique fiscale.

Cependant, au-delà de ces injustices intolérables qui contribuent à la montée du populisme et au délitement du lien social, l'évasion fiscale et les paradis fiscaux sont un facteur souvent oublié de l'expansion de la finance, au même titre que la dérèglementation, les mathématiques ou les ordinateurs. « Les paradis fiscaux sont des autoroutes qui permettent de circuler plus vite, où l'on peut faire des excès de vitesse de manière opaque, souligne Christian Chavagneux. On ne sait pas quels risques ont été pris. Les paradis fiscaux sont utilisés pour effectuer les opérations financières les plus opaques. »

▸ Docteur en sciences économiques et diplômé de la London School of Economics, **Christian Chavagneux** est éditorialiste pour *Alternatives économiques*. Il a travaillé comme chargé de mission à l'ex-Commissariat général du Plan et comme chargé d'études à l'Agence française de développement. Spécialiste des questions de régulation financière, il a été l'un des premiers à s'intéresser aux paradis fiscaux et à s'alarmer de leur poids, dès 1998.

Aujourd'hui, la moitié des flux financiers internationaux passe par les paradis fiscaux[12]. « L'Europe est l'une des premières victimes, détaille Christian Chavagneux. Entre l'Irlande, le Luxembourg, le Liechtenstein, les Pays-Bas, le Royaume-Uni, nous sommes au cœur des paradis fiscaux mondiaux. À Londres, la City est la première place financière mondiale et l'un des premiers paradis fiscaux. »

Les banques apprécient particulièrement ces places opaques, notamment l'Irlande, le Luxembourg ou Hong-Kong. Au total, un quart des bénéfices des vingt plus grandes banques européennes se trouvent dans des paradis fiscaux[13].

« Les paradis fiscaux n'ont pas créé la crise des subprimes, mais ils l'ont amplifiée, analyse Christian Chavagneux. Ils ont été des facilitateurs. » Dans les îles Caïmans, les flux financiers n'ont cessé d'augmenter de 2000 à 2008[14] et ils se sont maintenus jusqu'à la crise de la dette en Europe en 2011. Les paradis fiscaux nourrissent l'instabilité financière. « Des investisseurs américains sont passés par les îles Caïmans afin d'être au cœur des réacteurs des banques françaises et européennes », confirme Christian Chavagneux.

Si nous sommes encore loin d'avoir mis fin à l'évasion fiscale, de nombreux progrès ont été réalisés. Même les associations le reconnaissent. « Il y a eu énormément d'évolution entre 2011 et 2017, admet Lucile Watrinet, chargée de plaidoyer au CCFD-Terre solidaire. C'est assez impressionnant, ne serait-ce que dans la compréhension du sujet. L'échange de données automatiques entre pays pour limiter l'évasion fiscale des particuliers est une avancée incroyable, même s'il y a encore quelques trous dans la raquette. »

▸ **Lucile Watrinet** est chargée de plaidoyer pour l'association CCFD-Terre solidaire. Une partie de sa fonction consiste à convaincre les décideurs. Selon cette experte, ces sujets sont cruciaux. « Dans les pays en développement, les montants de la fraude et l'évasion fiscale sont deux fois plus importants que l'aide publique au développement », déplore-t-elle.

Panama Papers, SwissLeaks, LuxLeaks... Ces scandales à répétition ont révélé au grand public l'ampleur des montants. La pression de l'opinion publique face à ces injustices et ces sommes astronomiques d'évasion fiscale ont poussé la communauté internationale à établir des règles. Une première depuis un siècle ! Ces travaux historiques et ces mesures sont élaborés par l'OCDE, sous la houlette de Pascal Saint-Amans.

▸ Depuis 2012, **Pascal Saint-Amans** est directeur du Centre de politique et d'administration fiscales de l'OCDE, un organisme économique international. Il est à la tête d'une équipe de cent quarante personnes. Ancien élève de l'Ena, il s'est toujours intéressé à la diplomatie économique. Pour chaque mesure, chaque norme, il doit trouver un accord, un consensus auprès de multiples pays. Le travail qu'il a effectué, en à peine six ans, est salué par de nombreux spécialistes des paradis fiscaux.

Pour limiter l'évasion fiscale des particuliers, l'échange automatique d'informations entre cent pays a commencé à se mettre en place en septembre 2017 et s'achèvera en septembre 2018. « Désormais, la Suisse va être obligée d'envoyer une fois par an toutes les informations à la France, indique Pascal Saint-Amans. Il n'est plus possible de se cacher, ou alors il faut passer par des circuits criminels, alors qu'hier c'était possible. Ça change complètement. » Cinq cent mille personnes[15] dans le monde ont déjà anticipé cette réforme et déclaré des comptes bancaires à l'étranger depuis 2012.

Concernant les multinationales, une série de mesures baptisées BEPS (Base Erosion and Profit Shifting : érosion de la base d'imposition et transfert de bénéfices) a été élaborée. Nous ne détaillerons pas toutes ces réformes, seulement les grands principes. La mise en application de cette convention multilatérale changera automatiquement les conventions fiscales bilatérales. Un gain de temps considérable, car il existe plus de trois mille[16] traités fiscaux bilatéraux à travers le monde. Le but de BEPS : que les administrations fiscales du monde entier communiquent davantage entre elles.

Avec le projet BEPS, les multinationales ne peuvent plus, par exemple, utiliser les produits hybrides. Auparavant, une entreprise française qui avait une filiale en Italie et qui ne voulait pas payer d'impôt sur les bénéfices dans ce pays pouvait se prêter à elle-même un produit hybride, des obligations convertibles en actions. Les intérêts des obligations sont déductibles fiscalement en Italie, mais en France, ce même produit est conçu pour être une action ; et dans notre pays, les dividendes de ses actions ne sont pas taxables. La maison mère prête donc de l'argent à sa filiale par ce titre hybride ; de la sorte, l'entreprise paie moins d'impôts en Italie et n'en paie aucun supplémentaire en France.

Avec les nouvelles normes, ce tour de passe-passe n'est plus possible. Il sera également plus difficile d'abuser des conventions fiscales. Aujourd'hui, 27 % de l'investissement direct[17] en Inde passe par l'île Maurice, pour échapper aux impôts sur les plus-values de l'Inde et du pays d'origine. Ce schéma d'optimisation fiscale disparaît avec la mise en œuvre de BEPS. Il ne sera plus permis de passer par un pays C pour aller de A à B. Autre faille exploitée par les cabinets de fiscalistes et d'avocats : les prix de transfert. Dans un grand groupe, les différentes entités économiques se vendent et s'achètent entre elles des produits et autres services comme si elles étaient indépendantes. Mais difficile, par exemple, d'attribuer un prix à l'image de Mickey utilisée par la filiale française de Disney. Aucune référence n'existe sur le marché. Flous et parfois absurdes, ces prix de transfert permettent de déplacer de l'argent vers les pays plus avantageux fiscalement.

Selon de nombreux spécialistes, la meilleure solution pour mettre fin à ce problème consisterait à centraliser tous les bénéfices et les pertes des différentes entités d'un groupe, puis de redistribuer selon la base fiscale et l'activité réalisée dans chaque pays. Cette solution est loin d'être acceptée diplomatiquement. Cette évolution ne figure donc pas dans les mesures du projet BEPS. Néanmoins, les grands groupes vont devoir dévoiler aux administrations fiscales de nombreuses informations. Une mesure impose à toutes les multinationales dont le chiffre d'affaires est supérieur à 750 millions d'euros de déposer chaque année une déclaration pays par pays indiquant le lieu de leurs activités, le montant de leur chiffre d'affaires, leur bénéfice avant impôts, les impôts sur les bénéfices, leur nombre d'employés, leur capital social. Enfin, l'administration fiscale aura aussi une vision globale des différentes entités du groupe. Des associations dénoncent le fait que ce *reporting* ne soit pas public. Les États-Unis, le Japon ou l'Allemagne y étaient opposés.

Un point n'a toujours pas été résolu concernant l'économie numérique. Prenons l'exemple de Google : selon la France, toutes les activités réalisées par cette entreprise dans notre pays devraient être taxées en France. Mais, pour les Américains, une partie de la valeur de Google provient de l'algorithme : des impôts devraient donc être payés aux États-Unis, lieu de création de ces formules mathématiques. L'OCDE rendra un avis à ce propos en avril 2018.

Pour l'instant, l'impact de ces mesures en cours d'application n'est pas perceptible. Il faut espérer que les administrations fiscales auront les moyens d'exploiter toutes ces données. Mais un constat a mis d'accord toutes les personnes interrogées sur ce sujet : même si le travail est loin d'être terminé, concernant notamment l'économie numérique, l'évasion fiscale est sans doute le sujet où le plus de progrès ont été réalisés. « Avant, l'optimisation fiscale agressive était la règle, constate Pascal Saint-Amans. Maintenant, il faut payer des impôts. Vous pouvez toujours être agressif, ici ou là, en prenant des risques, mais nous avons rendu illégal ce qui était légal. Au lieu d'être au cœur du réacteur, l'évasion fiscale est à la marge. Il y aura toujours de l'optimisation, mais auparavant il s'agissait d'une industrie juteuse. Le directeur fiscal d'un groupe était au centre des profits. »

Voici quelques années à peine, on entendait régulièrement : « Impossible de freiner l'évasion fiscale et de trouver un consensus international. » Ces avancées montrent que c'est réalisable. « Le plus difficile est d'obtenir l'engagement politique des pays, affirme Pascal Saint-Amans. Pour avoir les Suisses, il faut les Singapouriens. Pour avoir les Singapouriens, il faut les Hongkongais. Et pour avoir les Hongkongais, il faut avoir les Bahamiens. Quelle est la dynamique pour avoir tout le monde ? En partie grâce au G20, qui fronce les sourcils. » La peur d'être mis au ban de la communauté internationale et la pression forte de l'opinion publique ont permis des avancées règlementaires majeures en matière d'évasion fiscale. Où en est-on des autres problématiques ? Une nouvelle crise financière aussi grave que celle de 2007 peut-elle éclater ? Les réformes mises en place depuis la crise des subprimes ont-elles permis de réorienter les investissements vers l'économie réelle ?

TROISIÈME PARTIE

La difficile réforme des marchés financiers

La plupart des soixante personnes que nous avons interrogées partagent le même avis : depuis la crise des subprimes, de nombreuses réformes ont été élaborées. Il ne serait pas juste d'écrire que rien n'a été mis en place. Cependant, en réalisant cette enquête, nous nous sommes rendu compte que ces nouvelles réglementations ne changent jamais la structure même des marchés financiers. Elles ne corrigent jamais les dysfonctionnements. Les régulateurs ont tenté d'accroître la transparence et la surveillance du système. Aucune réforme en profondeur ! La complexité de la réglementation actuelle est à l'image de celle du secteur. Au lieu de simplifier, les législateurs se sont adaptés et ont collé leurs règles à celles de la finance. Chaque nouvelle norme prend des années à se mettre en place. Les associations n'ont pas toujours les ressources et le personnel nécessaires pour suivre les dossiers, ce qui laisse plus de place au lobby bancaire et financier.

Des réformes inachevées et trop complexes

Les fonds propres sont un des points où les progrès sont les plus flagrants. Difficile d'obtenir un chiffre clair, le calcul relève de chaque banque et ne prend pas en compte les mêmes données qu'il y a dix ans. En moyenne, le capital des banques serait, aujourd'hui, deux à trois fois supérieur à celui de 2007[1]. « Le niveau de fonds propres a été accru, reconnaît Laurence Scialom. La qualité des fonds propres s'est également accrue. Mais on part de presque rien. Et trois fois presque rien, cela ne fait toujours pas grand-chose ! Quand on rapporte le capital des banques françaises à l'ensemble de leurs actifs, il suffit d'une baisse de l'ordre de 5,5 % de la valeur des actifs pour épuiser leur capital, ce qui n'est pas énorme. C'est mieux qu'avant, mais ce n'est toujours pas suffisant. » En effet, aucune entreprise industrielle ne pourrait se permettre des fonds propres aussi bas. Dans les années 1960, les banques avaient d'ailleurs des ratios beaucoup plus élevés.

Autre avancée : beaucoup d'acteurs qui n'étaient pas régulés comme les agences de notation ou les fonds d'investissement le sont désormais. Les marchés de gré à gré, qui ne sont pas organisés au sein d'une bourse, ont gagné en transparence. Un gain capital ! Ces marchés ne cessent de prendre de l'ampleur. Sur le marché des changes, la quasi-totalité des échanges sont réalisés sur des marchés non réglementés ; autrement dit, les transactions s'effectuent directement entre l'acheteur et le vendeur, sans intermédiaire boursier.

Chaque nouvelle mesure soulève le même problème : les régulateurs ne vont pas jusqu'au bout des changements enclenchés. La réforme des agences de notation, pourtant réclamée par tous pendant la crise, est en fin de compte minime. Pour accroître la concurrence au sein de ce secteur très concentré, une agence de notation européenne devait être créée. Elle ne l'a jamais été. « On a peu changé en matière de mœurs, nous restons très dépendants des notations financières, regrette Norbert Gaillard, spécialiste des agences de notation. Nous n'avons pas interdit l'usage des notations financières. Nous en avons juste interdit l'usage aveugle et systématique. On n'est plus obligé de vendre immédiatement un titre qui est tombé dans une catégorie spéculative. C'était le cas lorsque nous avions cette réglementation très rigide qui dépendait presque exclusivement des notations financières. »

▸ **Norbert Gaillard**, économiste et consultant indépendant, travaille pour des institutions publiques comme la Banque mondiale ou le Parlement européen, ainsi que pour des banques ou des fonds d'investissement. Il donne également des cours à l'Université de Genève. Il a réalisé des travaux remarqués sur les agences de notation. Leur rôle est crucial, d'autant plus qu'elles sont très peu nombreuses. Aux États-Unis, trois agences détiennent 96 % de la notation financière[2].

Depuis la crise, un autre aspect a progressé : la surveillance macroprudentielle, c'est-à-dire la surveillance globale, afin d'éviter un dysfonctionnement de l'ensemble du système financier. Un contrôle unique des banques européennes a été mis en place, sous la direction de la Banque centrale européenne (BCE), dont les équipes examinent, étudient, évaluent les bilans des banques et leur solidité. La BCE est devenue le gendarme des principales banques européennes. Au sein de l'Union bancaire, un deuxième pilier prévoit un mécanisme de résolution unique : une banque au bord de la faillite devra d'abord faire appel à ses créanciers et ses actionnaires. L'objectif de ces mesures : que l'État et les contribuables n'aient plus à intervenir pour sauver une banque.

Cependant, en Italie, où deux banques étaient en difficulté, ce système n'a pas fonctionné. En juin 2017, l'État a décidé de les soutenir financièrement. « Le *bail in* [renflouement interne] signifie que les créanciers abandonnent une partie de leur dette ou qu'ils acceptent que leur dette soit transformée en actions, décrypte Jézabel Couppey-Soubeyrand. Mais les banques italiennes ont eu la bonne idée de vendre leur dette à des petits épargnants en la leur présentant comme des produits intéressants et adaptés, alors que ce n'était évidemment pas le cas. Comme les créanciers étaient des petits épargnants, ça n'a pas fonctionné. Il faut que les créanciers soient des professionnels, des investisseurs institutionnels – sauf, bien sûr, des banques systémiques. »

Le troisième et dernier pilier de l'Union bancaire devait créer un fonds européen de garantie des dépôts de moins de 100 000 euros. Cependant, l'Allemagne refuse d'engager sa garantie pour les banques des autres pays. « L'Union bancaire bloque sur la solidarité des banques. L'Allemagne bloque, constate Laurence Scialom. En Europe, on avance lorsqu'on est au bord du gouffre. De toute façon, en cas de crise systémique, l'Union bancaire ne sera jamais appliquée. Pour une raison très simple : si une grosse banque est en difficulté, ce sera un vecteur de contamination de toute l'économie. Les États et les contribuables seront mis à contribution, d'où l'importance d'avoir une finance maîtrisée. »

Le secteur bancaire dénonce une régulation devenue trop compliquée et trop lourde. De l'avis de plusieurs spécialistes, la réglementation devient très complexe, suite aux demandes répétées du lobby bancaire qui tâche de vider, à chaque fois, chaque loi de sa substance. « Notre rôle est de montrer que l'industrie financière joue sur la complexité, déclare Benoît Lallemand, secrétaire général de Finance Watch. Des réglementations comme Mifid ou CRD4 sont des documents illisibles de quatre cents pages, alors que ces documents fondamentaux devraient être compris par tout le monde. »

▸ **Benoît Lallemand** est le secrétaire général de Finance Watch, l'association qui œuvre pour une autre finance au service de la société. Comme la plupart des salariés de Finance Watch, il a travaillé auparavant dans la finance. Il a dix ans d'expérience dans le secteur des infrastructures de marché. Cette expertise financière et cette connaissance pointue sont indispensables pour contrer les arguments des lobbyistes bancaires.

Ces réglementations complexes, lentes à se mettre en place, ces usines à gaz qui essaient de contenir le système plutôt que de le réformer structurellement aboutissent à des aberrations. « Avec les nouvelles règles, les compagnies d'assurance sont pénalisées si elles achètent des actions : exactement l'inverse de ce qu'il conviendrait de faire ! regrette Thierry Philipponnat. La logique du régulateur est de dire que les actions sont risquées, ce qui est peut-être vrai à court terme, mais faux sur le long terme. Les compagnies d'assurance ont abandonné les actions, alors que nous avons besoin d'investisseurs à long terme, ce que sont structurellement les compagnies d'assurance. »

Autre effet pervers dénoncé par le lobby bancaire : l'accroissement du *shadow banking* – la finance de l'ombre, ou finance parallèle. Pour échapper à la régulation, la finance se développerait hors du réseau bancaire. En réalité, ce sont plutôt les banques qui alimentent divers fonds spéculatifs à risque pour contourner la réglementation. En 2015, la finance de l'ombre représentait 92 000 milliards de dollars[3], soit 150 % du PIB mondial. Les liens entre les banques et la finance de l'ombre sont si nombreux que si un établissement de l'ombre faisait faillite, une banque systémique pourrait être touchée et tout le système serait susceptible de s'effondrer. Indirectement, par le biais des plus grandes banques, le *shadow banking* bénéficie, lui aussi, de la garantie des États. « Si vous coupez le cordon entre les banques et le *shadow banking*, vous n'avez plus de *shadow banking*, affirme Christophe Nijdam. Le *shadow banking* est une émanation directe des banques. Quand elles disent : “Vous nous régulez, mais vous ne régulez pas le *shadow banking*”, c’est un écran de fumée ! La finance de l’ombre a été diabolisée, mais dans le *shadow banking*, vous avez aussi des établissements régulés comme les assurances, les OPCVM[4]. Les autres établissements, eux, sont un peu plus nocifs, comme les *hedge funds* [les fonds de placement spéculatifs] et les fonds communs de créances ; mais ils sont souvent alimentés par les banques. »

Des solutions simples et efficaces

Les spécialistes interrogés sont unanimes : des progrès ont bien été réalisés sur les marchés financiers. Cependant, ils sont également presque tous d’accord sur un autre point : ce n’est pas suffisant. Une nouvelle crise peut intervenir à tout moment. Et, cette fois, les conséquences pourraient être plus graves : les États risquent de ne pas avoir assez de moyens pour renflouer les banques.

Et pourtant, des mesures simples pourraient être adoptées, comme la séparation des banques de dépôts et d’investissement. Après la crise de 1929, les banques de dépôts et d’investissement avaient été scindées aux États-Unis. « Cette séparation est possible. Elle a déjà existé dans l’Histoire, assure Norbert Gaillard. À la prochaine crise, si on doit renflouer les banques, on court à la catastrophe. C’est à froid qu’il faut agir. Ce débat dépasse largement le clivage droite-gauche. Les banques sont bien trop importantes en taille, nous sommes condamnés à les renflouer. Ce n'est plus possible, cela engendre du populisme et creuse les déficits. Le monde de la finance est de plus en plus complexe et segmenté avec de nombreux métiers, poursuit-il. Vous avez des activités de conseil en investissement et dans la même banque, des activités spéculatives qui vont parier à la baisse des produits conseillés à des clients. Ces situations ubuesques étaient impensables voici à peine cinquante ans. »

Pour supprimer ces aberrations, pour éviter que l'argent des contribuables ne serve de garantie aux activités spéculatives, pour diminuer la taille des banques, la solution consiste donc à séparer les activités bancaires. « La séparation des banques est une réforme clé car les banques systémiques peuvent entraîner tout le système financier dans leur chute, indique Laurence Scialom. Les banques ont grossi par les activités de marchés. Il est parfaitement légitime que les États préservent la partie de la banque qui assume des fonctions d'ordre public. La création monétaire est un privilège d'ordre public. En accordant un crédit, les banques créent de la monnaie. Les banques ont le privilège de la création monétaire, elles sont donc plus réglementées et bénéficient du soutien et de la garantie des États. »

Thierry Philipponnat confirme l'importance de cette réforme : « La séparation des banques de dépôt et d'investissement est la clé pour éviter le détournement des ressources financières, loin de l'économie réelle. Comparons avec le secteur de l'automobile : aujourd'hui, c'est comme si les entreprises bénéficiaient d'une subvention de l'État pour construire des automobiles à la moitié du prix de revient. Ces sociétés se diraient : “C'est formidable, je vais produire dix millions d'automobiles, même si je n'en vends que cinq millions.” Le problème, c'est que cinq millions d'automobiles en plus ne serviraient à rien. C'est exactement ce qui se passe. Quand l'État soutient les banques, il leur accorde un accès à la ressource financière à un prix moins élevé. Et l'accès à l'argent est la base du métier de financier. »

Avant la crise des subprimes, nous avions déjà des banques trop grosses pour faire faillite. Depuis, certaines se sont encore développées. Cette séparation diminuerait considérablement ce problème. « Si vous séparez les banques, vous dégonflez de huit à dix fois le montant des produits dérivés », estime Olivier Berruyer.

À la suite de cette séparation, les établissements peuvent être totalement indépendants. On peut également imaginer une maison mère, avec les dépôts des particuliers et les crédits, et une filiale avec la vente et l'achat de produits financiers.

En 2013, la France a été l'un des premiers pays à vouloir mettre en place cette séparation. Mais la loi a instauré une tout autre répartition. Dans la maison mère, il y a l'argent des particuliers, les crédits, mais aussi tous les produits financiers pour le compte d'un client – et par « client », on entend par exemple les fonds spéculatifs. Avec cette répartition, l'argent des particuliers reste lié aux produits risqués. Dans la filiale, il n'y a que la vente et l'achat de produits financiers pour le compte de la banque.

Lors de l'élaboration de la loi, pour connaître tout simplement la part d'activité de cette filiale, il a fallu des heures d'auditions de banquiers à la commission des finances de l'Assemblée nationale. Le 30 janvier 2013, Fréderic Oudéa, directeur général de la Société générale, a fini par admettre que seules 0,75 %[5] des activités se retrouveront dans cette filiale. « Je pense que c'est vraiment le symbole de la puissance du lobby bancaire et du fait de donner des contre-informations, précise Laurence Scialom. Il faut pousser les banquiers dans leurs retranchements pour que l'on puisse avoir des informations et comprendre que cette loi ne va pas beaucoup les affecter. »

En 2013, Thierry Philipponnat, alors secrétaire général de Finance Watch, a été auditionné par cette commission. « J'ai un vrai problème avec le titre de cette loi, dite "de séparation et de régulation des activités bancaires", explique-t-il. Cette loi ne sépare pas. Quand je me suis rendu compte que l'on avait perdu le combat, je leur ai demandé de changer le titre de la loi, ne serait-ce que pour la démocratie. Cela nourrit le populisme. On se moque de nous. Je préfère un politique qui assume. Les politiques n'osent pas dire qu'ils sont contre car ils ont l'impression que l'opinion publique y est favorable, mais ils vident la loi de sa substance. »

La taxe sur les transactions financières est une autre réforme réclamée depuis des années par de multiples acteurs de la société civile. « Cette mesure n'est pas suffisante, admet Thomas Coutrot. Mais elle est significative et symbolique. Ce serait un premier pas vers la reprise en main du secteur financier par les politiques. »

Taxer les transactions financières : l'idée vient d'un économiste, James Tobin, en 1978. Près de quarante ans plus tard, la question n'est toujours pas réglée. En France, depuis 2012, il existe une taxe, mais elle est limitée. Elle ne touche que les actions et non les activités plus spéculatives telles que les produits dérivés ou le trading haute fréquence. Elle rapporte environ un milliard d'euros par an[6]. Cette taxe devait être étendue aux transactions intra-journalières. Mais le Premier ministre français, Édouard Philippe, a supprimé cette disposition pour accroître l'attractivité de la place financière de Paris, au grand dam de nombreuses associations.

La taxe européenne sur les transactions financières ne cesse, elle, d'être reportée. Plus large que la taxe française, elle devrait inclure les produits dérivés. Dix pays européens s'y sont engagés. Selon la Commission européenne, elle devrait rapporter 22 milliards d'euros par an. Cependant, ce serpent de mer vient unc nouvelle fois d'être reporté par le président français, Emmanuel Macron, à la fin du Brexit, prévu en 2019 !

À court terme, cette taxe pourrait aider à financer la transition écologique. À moyen et long terme, si elle est appliquée à un taux suffisant aux produits dérivés et au trading haute fréquence, l'objectif est de réduire la rentabilité de ces titres et de ces pratiques. « Les régulateurs veulent réglementer la finance sans toucher à la liberté absolue des capitaux, estime Thomas Coutrot. C'est la clé de voûte du système. C'est pourquoi la taxe sur les transactions financières est si importante. »

De multiples défenseurs de cette taxe ne comprennent pas pourquoi des taxes existent sur tous les produits, sauf sur les titres financiers. À l'opposé, les détracteurs répliquent que cette taxe est inutile car les capitaux peuvent se déplacer très facilement. Ils se dirigeront donc vers une autre place financière. « Si la taxe est correctement définie, si c'est la nationalité de la banque qui compte, la BNP Paribas ne pourra pas réaliser ses transactions à Londres sans payer, les banques ne délocaliseront pas leur siège social, rétorque Thomas Coutrot. Dans un premier temps, les titres et les activités taxées deviendront peut-être la spécialité des banques américaines, mais je pense que la pression citoyenne aux États-Unis se renforcera également si l'Europe impose une taxe. On n'arrivera pas à une mise en place simultanée dans toutes les grandes places financières, mais il faut bien commencer, continue-t-il. Si cela permet aux banques de faire plus de profits en prenant plus de risques pendant un temps, tant pis ! On aura commencé quelque part et on aura un outil qui pourra être généralisé sur d'autres places financières, le moment venu. »

D'autres mesures simples pourraient, bien sûr, être appliquées. Certains réclament un cadastre financier international où seraient inscrites toutes les transactions financières ; d'autres souhaiteraient une meilleure surveillance des innovations financières avec la création d'un observatoire des innovations, afin d'évaluer leur utilité sociale. Beaucoup demandent que les banquiers soient responsables de leurs actes devant la loi. Les ouvrages, les rapports d'économistes avec des solutions viables pour faire évoluer ce secteur ne manquent pas. Mais alors, pourquoi n'a-t-on toujours pas réussi à réformer véritablement la finance ?

La puissance du lobby bancaire et financier

À Bruxelles, le secteur financier emploie mille sept cents lobbyistes[7] contre une vingtaine de personnes qui militent pour une autre finance.

Pendant quatre ans, Joost Mulder a été lobbyiste bancaire. Depuis, il a décidé de changer de métier. Il ne supportait plus les arguments mis en œuvre. « C'était plutôt du chantage que des arguments, se rappelle-t-il. "Cher ministre, si vous faites ça, on devra se retirer du pays, on supprimera des emplois." Ce n'était pas honnête. C'est une des premières raisons pour lesquelles j'ai dit : "J'en ai marre, je ne peux plus défendre ce type d'arguments très faibles." »

▸ **Joost Mulder** a été assistant parlementaire, avant de travailler pour un cabinet de consulting dans le secteur bancaire. Il a utilisé son savoir-faire à d'autres fins en rejoignant Finance Watch, comme directeur des relations publiques de cette association qui milite pour une autre finance, afin de contrer les arguments des banquiers. Aujourd'hui, il a créé sa propre structure de conseil en affaires publiques à Bruxelles.

Les arguments des banquiers, Michel Barnier les connaît bien lui aussi. Lorsqu'il était commissaire européen, il a même interdit à ses équipes tout contact avec le lobby financier pendant plusieurs semaines, afin de rédiger une réforme sensible. En quatre ans, il a présenté quarante et une lois de régulation. « Sur chacune des réformes, j'ai senti de la pression, des résistances, parfois des campagnes contre moi, se souvient-il[8]. Sans doute y a-t-il eu des pressions souterraines dont je n'ai pas eu connaissance, des personnes qui ont cherché à me déstabiliser, mais ils n'y sont pas parvenus. Nous avons fait ces lois, elles ont été votées, pas toujours avec l'ambition initiale que j'y avais mise, mais c'est le travail d'une loi qui n'est pas forcément la même à la fin qu'au début. »

▸ **Michel Barnier** est négociateur en chef de la Commission chargé de la conduite des négociations avec le Royaume-Uni, suite au Brexit. Ancien commissaire au Marché intérieur et aux services, il a été également député européen, ainsi que ministre de l'Environnement, ministre délégué aux Affaires européennes et ministre de l'Agriculture et de la Pêche.

Jean-Michel Naulot, ancien régulateur, confirme la nécessité de résister aux pressions. « Pendant dix ans, dans mon métier de régulateur, j'ai entendu régulièrement le même argument : le problème de la compétitivité de la place financière, explique-t-il. À chaque fois qu'une réforme va un peu plus loin, cet argument de la compétitivité revient. Cela peut se comprendre de la part des professionnels. À partir du moment où il y a un risque systémique d'envoyer tout le système mondial à terre, il faut résister à cet argument de la compétitivité, sinon on ne fait rien. »

Le lobby bancaire et financier tire argument de sa complexité pour empêcher toute nouvelle règle. Selon Benoît Lallemand, secrétaire général de Finance Watch, il serait particulièrement habile pour déguiser des intérêts privés en intérêt général, arguant notamment de la croissance. « Comme c'est abstrait, ça marche très fort, dénonce-t-il. Une compagnie pétrolière ne peut pas inventer de tels arguments : nous voyons bien les impacts. Avec la finance, c'est plus compliqué. Les banques affirment que l'essentiel de leur activité consiste à aider les PME et l'économie. C'est n'importe quoi. Quand on regarde leur bilan, seule une minorité des activités est connectée à l'économie réelle. Mais ils peuvent le dire car c'est abstrait. »

Cette complexité se retrouve dans le langage de la finance, qui est incompréhensible pour les non-initiés, et même pour la classe politique. « Une des forces des lobbyistes financiers, c'est d'avoir complexifié la finance et d'avoir intimidé les politiques, confirme Christophe Nijdam. Le politique a démissionné. Le rôle du politique élu devrait être, quand c'est trop compliqué, de simplifier les choses. Quand les arguments sont trop complexes, cela cache souvent quelque chose de pas très net. »

« Les décideurs politiques délèguent des questions centrales, ajoute Laurence Scialom. On n'a pas assez de contre-pouvoirs, d'où l'importance de Finance Watch qui produit de la contre-expertise technique. Le citoyen est complètement privé d'un débat qui l'engage massivement. »

Dans chaque pays, le lobby prend une forme différente. Aux États-Unis, il finance les campagnes électorales. En France, le lien provient plutôt d'une collusion idéologique et sociologique entre les élites politique et financière. « En France, la parole d'un grand banquier vaut cent fois plus qu'un universitaire extrêmement spécialisé », précise Benoît Lallemand. Les hommes politiques et ceux qui dirigent les banques proviennent des mêmes écoles, se retrouvent dans les mêmes dîners. Il ne faut pas croire que lobby rime toujours avec échange d'argent. Ces élites partagent souvent les mêmes idées, les mêmes représentations de la société. « Ce n'est pas en lui faisant passer une enveloppe que le lobby bancaire parvient à faire pression sur le régulateur. C'est plus pernicieux. La capture du régulateur est intellectuelle, constate Jézabel Couppey-Soubeyrand. C'est insidieux. Elle opère dans tous les milieux, y compris académiques. »

Une capture amplifiée par un autre problème, très répandu en France : le « pantouflage ». Il consiste, pour la plupart des hauts fonctionnaires de Bercy, à passer du public au privé, et inversement. Cette pratique assure une hausse considérable de leurs revenus. Entre 1958 et 2009, 62 %[9] des inspecteurs des finances de Bercy ont pantouflé. L'actuelle directrice de la Fédération bancaire française, Marie-Anne Barbat-Layani, était conseillère technique au ministère de l'Économie, ainsi que directrice adjointe du cabinet de François

Fillon, lorsque ce dernier était Premier ministre. François Pérol, ancien conseiller économique de Nicolas Sarkozy à l'Élysée, a géré la fusion de la Banque populaire-Caisse d'épargne (BPCE), avant de prendre la direction de ce nouveau groupe. Le recrutement par la banque Goldman Sachs de l'ancien président de la Commission européenne, Manuel Barroso, avait fait scandale en 2016.

Des exemples similaires pourraient être multipliés à l'envi. Il arrive même que certains retournent ensuite dans le public pour surveiller des banques qu'ils dirigeaient. « Beaucoup trouvent parfaitement normaux ces allers-retours entre le secteur bancaire et la haute fonction publique, s'étonne Jézabel Couppey-Soubeyrand. C'est incroyable ! Certes, il ne faut pas être dogmatique. Cela dépend du niveau et il faut de la mixité. Mais, lorsqu'on place à la tête des autorités publiques d'anciens dirigeants de banque pour aller négocier dans les instances internationales, ça me semble dangereux. Lorsqu'on est imprégné par le secteur bancaire, on ne défend pas de la même façon l'intérêt général. »

Faute de courage politique, ces collusions, ce lobbying empêchent une réforme structurelle des marchés financiers. Nous l'avons bien constaté en France avec la prétendue loi de séparation bancaire, vidée de son contenu par le lobbying en complexifiant l'application. « La transparence est le début du bon fonctionnement d'une société, affirme Thierry Philipponnat. Il peut y avoir du lobbying, mais il doit être organisé et transparent. Il est normal que les politiques écoutent les entreprises, mais ils ne doivent pas écouter *que* les entreprises. Ces pratiques favorisent les fantasmes et l'atmosphère de complot. »

Des règles pourraient limiter ces conflits d'intérêt et réduire, par exemple, ces allers-retours entre le public et le privé. Des économistes recommandent un délai de carence ou des allers-retours autorisés seulement si le secteur d'activité diffère entre le public et le privé[10]. « Beaucoup de ces experts sous-estiment l'impact de ces conflits d'intérêts sur leur jugement », affirme Laurence Scialom. Une autre possibilité consisterait également à renforcer davantage les structures indépendantes telles que Finance Watch.

L'Islande, à l'origine de solutions originales et intéressantes

L'Islande est le seul État à ne pas avoir renfloué ses banques. Une sortie de crise réussie et riche en enseignements, mais parfois idéalisée.

À partir des années 1990, le secteur bancaire et financier islandais prend son essor. Rapidement, il se permet tous les excès, au point de multiplier les pratiques frauduleuses. Certains ont même comparé ce pays à un grand *hedge fund.* « L'Islande voulait être le nouveau Luxembourg. Dans sa logique libérale, l'île pensait que les activités bancaires ne regardaient pas le gouvernement. Ce secteur rapportait beaucoup d'argent. Cela seul importait », affirme Michel Sallé, spécialiste de l'Islande.

En 2007, les banques pèsent près de dix fois le PIB du pays[11]. En 2008, la chute de la banque

Lehman Brothers a des conséquences graves pour toute l'économie mondiale. Pour l'Islande, avec son secteur financier particulièrement surdimensionné, les impacts sont catastrophiques. Les trois banques islandaises ne peuvent plus se refinancer. Elles sont au bord de la faillite et sont susceptibles d'entraîner tout le pays. Pendant une journée, les particuliers ne peuvent même plus tirer de l'argent. « Les Islandais n'avaient pas la possibilité de renflouer les trois banques, analyse Michel Sallé. Mais la réaction fut très rapide : créer des banques parallèles. La fameuse loi qui autorise les banques à faire faillite est votée en une nuit. »

En effet, les montants sont tels que l'Islande ne peut pas soutenir ses banques. L'État prend une décision capitale et très différente de celle des autres pays : la priorité est donnée aux dépôts des Islandais plutôt qu'aux créanciers, en grande majorité étrangers. 75 % des activités des trois banques en faillite se trouvaient alors sur les marchés internationaux. Le gouvernement décide de séparer les activités de dépôts et celles d'investissement. Il regroupe les dépôts des Islandais et les autres activités liées à l'économie du pays au sein de trois nouvelles banques. Les créances internationales demeurent dans les anciennes banques en liquidation judiciaire. Aucune socialisation des pertes ! Une première.

▸ **Michel Sallé** est docteur en sciences politiques et spécialiste de l'Islande, objet de nombre de ses chroniques, ainsi que d'un livre : *L'Islande* (Karthala, 2013). Son thème de prédilection : comment cette île peu peuplée peut-elle jouir d'un niveau de vie élevé et d'un chômage bas ? Marié à une Islandaise, il se rend régulièrement sur cette île.

Pendant cette crise, les créances d'Icesave, une banque en ligne détenue par l'un des trois établissements en faillite, symbolisent et cristallisent les maux de cette déroute. Grâce à des taux d'intérêt intéressants, cette banque avait su attirer, avant la crise, des investisseurs étrangers et notamment de nombreux Britanniques et Hollandais. À la suite des faillites des banques islandaises, par crainte d'un mouvement de panique, les gouvernements britannique et hollandais ont indemnisé les clients d'Icesave et souhaitent le remboursement de l'Islande. Mais l'Islande ne peut rembourser une telle somme.

Un bras de fer s'entame. Le Royaume-Uni utilise même une loi antiterroriste pour bloquer les avoirs islandais. Avec le soutien de l'Union européenne, les Britanniques obtiennent également que les aides du FMI pour l'Islande soient retardées. Afin de régler ce dossier, des accords de remboursement de dette sont trouvés. Mais, consulté par référendum, le peuple islandais les refuse à deux reprises. Il ne veut pas que les pertes des banques soient socialisées, contrairement à la solution adoptée un peu partout dans le monde. Les Islandais estiment qu'ils n'ont pas à payer les erreurs des banquiers.

Pour obtenir gain de cause, les Anglais se tournent vers la Cour de justice européenne. Néanmoins, en 2013, cette dernière donne raison aux Islandais. Au bout du compte, les « anciennes banques » ont remboursé les Anglais et les Hollandais sans que l'État et le contribuable ne soient mis à contribution.

Cette histoire aux multiples rebondissements est révélatrice. Elle met en lumière deux façons opposées de gérer la crise. En Islande, la priorité a été donnée aux dépôts, aux citoyens et aux contribuables, alors que la priorité des Anglais est le remboursement des créanciers.

Malgré ces solutions innovantes, les Islandais ont payé la crise et les excès commis avant 2007. Rien qu'en 2009, le PIB a reculé de 6,9 %[12]. Le chômage a grimpé et de multiples ménages se sont endettés à cause de prêts réalisés en devises étrangères. Les budgets santé ou éducation ont été réduits drastiquement. Les impôts des ménages les plus riches se sont envolés. Depuis, l'Islande a retrouvé un modèle économique florissant, notamment grâce au tourisme. « La sortie de crise de l'Islande n'est pas économique mais sociale et politique, précise Michel Sallé. Les syndicats et le patronat se sont réunis afin de trouver des solutions pour sortir de la crise. Les salaires ont été gelés. En échange, les allocations chômage ont augmenté, ainsi que le nombre de formations. Les salaires des ministres et de la haute fonction publique ont aussi été réduits de 15 %. La cohésion sociale a été retrouvée. »

Si chacun reconnaît la particularité de l'Islande, certains regrettent quelques approximations répétées régulièrement, notamment en France. Même si des recettes hétérodoxes ont été utilisées, l'Islande est loin d'être un pays anticapitaliste. « Les solutions y ont été plus pragmatiques qu'idéologiques, insiste Michel Sallé. Quand on dit que le FMI n'a rien fait, c'est faux. Le FMI a aidé. L'Islande est un petit pays, il manquait de personnes compétentes sur ces sujets. Pendant une période, au FMI, quatre-vingts personnes travaillaient pour l'Islande et apportaient de la compétence. Le FMI a apporté de l'argent, mais surtout de la compétence et de la garantie. »

Autre particularité de la gestion de la crise islandaise : en 2011, ce n'est pas un financier qui a été nommé pour conduire la restructuration de la supervision bancaire et financière. « Les Islandais n'ont pas choisi un spécialiste de la finance, mais un économiste, spécialiste en gestion du changement, indique Laurence Scialom. Il a appliqué à l'autorité de régulation islandaise ce que l'on applique à une organisation qui a failli. C'est la meilleure façon d'éviter la capture. » Objectif de cette nomination : privilégier des règles simples au service de la société.

Enfin, sur cette île, des banquiers ont été mis en prison. Un procureur spécial a été nommé pour mener les enquêtes. Certes, tous les responsables de cette crise n'ont pas été condamnés. Mais certains ont écopé de peines de prison ferme. Trente-sept[13] accusés ont été reconnus coupables et condamnés à la détention par la Cour suprême. « Les Islandais ont reproché aux banquiers d'avoir cassé le pacte social, souligne Michel Sallé. Les banquiers ont purgé leur peine dans une prison ouverte, une ancienne ferme. Un lieu de détention créé, à l'origine, pour les hommes qui ne payaient pas leur pension alimentaire. Pendant la journée, ils pouvaient recevoir des proches. »

Le cas islandais interpelle. Il montre qu'il est possible d'aller jusqu'au bout des réformes. L'Islande est même un des rares pays à être déjà sortis de la crise. Quoique cette île soit un petit pays peu peuplé, ces solutions pourraient servir de modèle à d'autres pays, une sorte d'expérience pour inventer d'autres façons de gérer une crise financière.

QUATRIÈME PARTIE

L'émergence d'une autre finance

Des expérimentations, des laboratoires existent un peu partout à travers le monde. Tous les jours, des acteurs de la société civile œuvrent pour une autre finance : une finance responsable au sein des marchés ou une finance solidaire, plus indépendante des bourses. Elles prospèrent au point de devenir une alternative de plus en plus crédible.

Les problèmes financiers, l'un des secteurs où nous pensons avoir le moins d'impact, nous semblent très éloignés. Et pourtant, nous avons un pouvoir capital via les banques que nous choisissons, ou par le biais des produits financiers favorisés par notre épargne.

Le rôle primordial des épargnants

Julien Guerrero a pris conscience du pouvoir de son argent il y a un peu moins de dix ans. Depuis 2009, il place son épargne à la Nef, une des banques éthiques les plus transparentes. Il a un compte courant au Crédit coopératif, la banque spécialiste de l'économie sociale et solidaire. « J'ai pris conscience de mon impact à mon échelle, explique-t-il. Souvent, on entend des amis nous dire : ce sont les multinationales qui font la pluie et le beau temps et qui décident de tout. Mais qui donne de l'argent aux multinationales ? C'est nous. La finance semble être un monde à part, inaccessible, austère et impénétrable. Mais lorsqu'on prend le temps de s'y pencher, on se rend compte qu'il n'est pas si inaccessible que cela. Si l'on est nombreux à le faire, on peut avoir un impact important. »

▸ **Julien Guerrero** travaille pour l'Oasis de Pen An Hoat, une association partenaire de Terre et Humanisme, structure créée par Pierre Rabhi pour promouvoir l'agroécologie à travers la planète. Il a retiré l'ensemble de son argent du réseau classique bancaire. Selon lui, se renseigner sur la destination de l'argent fait partie d'un tout, au même titre que l'origine des produits achetés ou l'électricité consommée.

Même réflexion de Fabien Bataille, qui épargne à la Nef depuis quatre ans. « C'est la même chose lorsque je fais mes courses : je fais attention, c'est un effort. Nous sommes des acteurs. Nous ne sommes pas juste des consommateurs passifs. Nous pouvons faire bouger les choses en déplaçant notre argent. Je donne du sens à mon argent. J'ai l'assurance qu'il n'est pas mal utilisé d'un point de vue écologique et sociétal. Il ne servira pas à faire travailler des gens dans la misère au bout du monde. »

▸ **Fabien Bataille**, ingénieur, développe des logiciels pour l'entreprise Nokia. Engagé écologiquement, ce père de famille estime que changer de banque est un acte simple à réaliser, aux conséquences primordiales.

À la suite de la crise des subprimes, de plus en plus de citoyens ont commencé à réfléchir à la destination de leur argent. « Après 2008, beaucoup de personnes se sont posé la question : "Où dort mon argent ?" explique Jean-Louis Bancel, président du Crédit coopératif. Ils ont découvert que leur argent servait à spéculer malgré eux, alors qu'il est possible d'imposer que votre argent ne spécule pas. »

▸ **Jean-Louis Bancel** est président du groupe Crédit coopératif, la banque de l'économie sociale et solidaire. Il débute au ministère de l'Économie, des Finances et du Budget, et poursuit sa carrière dans l'administration financière, puis dans les mutuelles d'assurances. En 1990, il a été directeur de cabinet du secrétariat d'État à la consommation et a participé à l'élaboration de la loi sur le surendettement. « Je suis un banquier heureux car je suis dans une banque qui fait son métier de banquier, affirme-t-il. Spéculer sur les marchés financiers, je n'y trouverais pas mon compte. »

La plupart des économistes que nous avons interviewés considèrent qu'il faut revenir à des banques plus petites et plus locales. « Il est beaucoup plus sûr de mettre son argent dans une banque locale et éthique, estime Benoît Lallemand. S'il n'y avait pas la garantie de l'État sur les banques systémiques et que les citoyens étaient informés, ils changeraient tout de suite de banque. »

« On a besoin de banques de proximité, ajoute Dominique Plihon. On a besoin de rétablir les liens avec les acteurs locaux, les artisans et les PME. Il faut que les épargnants demandent la destination de leur argent. »

Denis Dementhon, directeur de France active, était au départ totalement novice en finance. Il s'est intéressé à ce sujet il y a vingt ans, car la finance est un secteur clé, un levier indispensable pour faire évoluer la société. « Si on ne change pas la finance, il est possible d'agir, mais on reste dans la réparation. Nous démontrons à des personnes qui ne sont pas dans la finance qu'ils sont des acteurs de ce secteur sans le savoir, souligne Denis Dementhon. L'épargne des citoyens est le socle sur lequel travaille la finance. Tout ça paraît très compliqué. Dans la finance classique, on rassure les clients sur le fait qu'on ne leur fera pas perdre de l'argent, mais que l'on s'en occupera pour eux. Nous, nous remettons la finance au service de l'économie et de l'humain. Ce point m'a séduit dans la finance solidaire. »

▸ **Denis Dementhon** est directeur général de France active, premier financeur des entreprises solidaires. Diplômé de l'Institut français d'urbanisme, il a travaillé plusieurs années dans le cadre de la politique de la ville, avant de s'intéresser à l'insertion économique et à la finance solidaire. France active accompagne des entrepreneurs engagés et leur propose des prêts et des aides grâce notamment à l'épargne solidaire collectée par sa société d'investissement. En 2016, 35 698 emplois ont été créés ou consolidés grâce à cette structure.

Une fois que le citoyen a compris le pouvoir de son argent, il lui reste à s'y retrouver entre finance solidaire, finance responsable ou encore finance participative...

Finance solidaire, responsable ou participative ?

Pour ouvrir un compte courant dans une banque non systémique et qui ne spécule pas avec notre argent, le choix n'est pas très vaste. Il est possible d'ouvrir un compte au Crédit coopératif. Cette banque est, depuis plus de cent vingt ans, la banque de l'économie sociale et solidaire. « Notre engagement, c'est : zéro paradis fiscal. L'argent de nos clients sert à financer d'autres clients, précise Jean-Louis Bancel. En 2016, nous avons collecté 11,5 milliards d'euros et prêté 11,2 milliards. C'est presque le même montant ! Au Crédit coopératif, l'argent ne spécule pas. Même si l'on est actionnaire de l'ordre de 1 % du groupe Banque populaire-Caisse d'Épargne, l'argent des clients ne va pas chez Natixis [unc filialc dc BPCE], nous sommes autonomes. Depuis 2002, en France, la règlementation fait qu'il est difficile de rester indépendant lorsqu'on est un établissement de taille moyenne. Il faut un établissement de référence. La BPCE est notre police municipale. Mais on ne spécule pas. Nous vendons par exemple des produits de couverture, des produits dérivés pour les métaux. Les entreprises d'insertion qui démontent les téléphones en ont besoin pour se protéger contre les variations de cours. Nous avons voulu être cohérents. Nous avons créé notre propre taxe Tobin, notre propre taxe sur les transactions financières. On prélève un pourcentage qui est redistribué sous forme de dons à des associations. »

Au sein de quelques banques municipales, il est également possible d'ouvrir un compte courant. La Nef, banque coopérative éthique, travaille actuellement sur un projet d'ouverture de comptes pour les particuliers. Cet établissement publie chaque année la liste des prêts accordés. « On est les seuls à avoir une telle transparence, affirme Amandine Albizzati, directrice institutionnelle de la Nef. La transparence est le moyen pour l'épargnant de se sentir responsable de son argent. Dans le milieu bancaire, l'opacité est le quotidien. Ici, le client peut choisir où va son argent. »

Cette banque a obtenu l'agrément afin d'ouvrir des comptes courants pour les professionnels. Elle est en train de le déployer pour les associations et les entreprises. Pour les particuliers, elle devrait bientôt proposer des comptes de paiement avec carte bleue. « L'industrie bancaire, c'est une industrie de contrainte très forte, constate Amandine Albizzati. Nous sommes régulés de la même façon que ceux qui vont sur les marchés, alors que nous sommes très différents. Dans le système français, il faut un établissement de référence. Nous avons le Crédit coopératif, qui est lié à la BPCE. On se retrouve avec les mêmes contraintes qu'un groupe systémique. » Cependant, la Nef et le Crédit coopératif ne font pas partie du même groupe, contrairement au lien existant entre le Crédit coopératif et la BPCE.

▸ **Amandine Albizzati**, en charge des relations institutionnelles à la Nef, où elle a commencé en tant que chargée de crédit, travaille dans la finance solidaire depuis 2002. Elle considère que ce secteur est un levier au cœur des liens économiques. Entrée au comité de direction de la Nef, elle s'occupe notamment des liens avec les autres ONG et représente l'établissement au sein d'organismes comme Finansol, une structure qui regroupe les différents acteurs de la finance solidaire.

Pour placer son épargne, le choix est beaucoup plus vaste. Le Crédit coopératif et la Nef proposent bien sûr de nombreux produits. Chaque fois, l'épargnant a la possibilité de redistribuer une partie de ses taux d'intérêts à des associations de son choix. Même s'ils ne sont pas reversés, l'argent déposé sur ces livrets sert à financer des associations ou des entreprises de l'économie sociale et solidaire. L'épargne solidaire est également possible par le biais du réseau bancaire classique. On n'est donc pas obligé de changer de banque.

De nombreuses banques proposent des placements solidaires et chaque entreprise est tenue de proposer un produit d'épargne salariale solidaire. Lorsqu'il choisit l'épargne solidaire, l'épargnant bénéficie d'un avantage fiscal. Un label Finansol permet d'assurer la traçabilité de ses produits. En 2016, les encours de l'épargne solidaire se sont élevés à 9,76 milliards d'euros[1]. Depuis quinze ans, le taux de croissance est en moyenne de 27,28 %[2] par an.

Créés en 2001, les fonds solidaires « 90-10 » rencontrent un grand succès. 10 % de l'argent sont dirigés vers l'économie solidaire, hors des marchés financiers, et les 90 % autres sont investis en bourse sur des placements, labellisés ISR (investissement socialement responsable). Mais pourquoi ne pas créer des fonds 100 % solidaires ? Parce que le public souhaite tout de même une certaine liquidité : récupérer son argent assez facilement.

Même si la finance en a abusé, ce secteur réclame une certaine technicité et une palette de produits pour mettre en concordance les besoins de l'épargnant, avoir accès facilement à son argent, à ceux des entreprises ou des associations. « Il faut distinguer les besoins de financement des professionnels : il y a les besoins de trésorerie, puis les besoins en fonds de roulement, les besoins en investissement, et enfin ceux en fonds propres », rappelle Frédéric Tiberghien, président de Finansol. Selon les besoins, l'argent n'est pas disponible au même moment.

▸ **Fréderic Tiberghien**, énarque, a travaillé pendant vingt ans dans le secteur privé chez Chronopost ou Louis Vuitton, avant de rejoindre la haute fonction publique. Il a été conseiller technique au cabinet du ministère de la Défense et délégué interministériel à l'Expérimentation, à l'Innovation sociale et à l'Économie sociale, avant de rejoindre le Conseil d'État. Il est aujourd'hui président de Finansol, une association qui promeut la finance solidaire et regroupe les acteurs clés du secteur. Un comité indépendant gère le label Finansol et contrôle que les fonds labellisés respectent bien les critères.

Il reste de nombreux leviers pour développer l'épargne solidaire. Les conseillers des banques ne proposent pas assez ces produits qu'ils connaissent mal. Il serait également possible de rendre obligatoire la présentation d'un contrat d'assurance-vie solidaire dans la gamme d'un assureur. Le livret de développement durable doit être transformé en livret de développement durable et solidaire. La loi a été votée, mais le décret n'a toujours pas été publié.

Ouvrir l'épargne solidaire à d'autres acteurs est une autre voie à explorer. « Jusqu'ici, l'épargne solidaire vient surtout des particuliers et non des investisseurs institutionnels [compagnies d'assurances, caisses de retraite ou fonds de pension], ajoute Frédéric Tiberghien. Ils n'ont pas le droit de placer leur argent sur les fonds solidaires, alors qu'ils ont le droit sur les fonds spéculatifs. L'économie sociale et solidaire n'est pas cotée en bourse ; elle est donc considérée comme dangereuse, alors que c'est le contraire : nous avons moins d'échecs. »

Pour les épargnants solidaires, les taux d'intérêt peuvent être plus faibles, mais ce n'est pas systématique. « Ce n'est pas forcément moins rentable, assure Denis Dementhon. Le solidaire n'implique pas toujours une rémunération moins forte. » Au-delà des taux d'intérêts de ces placements, sur le terrain, les acteurs de la finance solidaire sont unanimes : l'engouement de la société civile est grandissant.

Il est, bien sûr, plus facile de tracer l'argent au sein de l'épargne solidaire, hors des marchés financiers, qu'au sein de l'épargne responsable placée sur les marchés financiers. Les intermédiaires sont beaucoup plus nombreux. « Il existe un mouvement en dehors des marchés financiers. La finance solidaire est très utile, indique Anne-Catherine Husson-Traore, directrice générale de Novethic. Mais pour dégager les masses d'argent nécessaire au financement de la transition écologique, il faut réorienter les millions de milliards de la finance. On ne pourra pas le faire avec l'argent public. La finance responsable est une partie de la finance classique. Elle essaie de réorienter les investissements vers une économie bas carbone et inclusive. »

L'investissement socialement responsable (ISR) favorise les entreprises qui ont des bonnes pratiques environnementales, sociales et de gouvernance, avec plusieurs gradations. Il peut exclure certaines entreprises des portefeuilles qui ne respectent pas les conventions internationales, ou celles qui fabriquent des armes. Enfin, ce label privilégie les entreprises qui œuvrent dans le développement durable. Les encours de l'ISR s'élèvent à 746 milliards d'euros[3]. « C'est près d'un quart des actifs financiers gérés en France, très en avance sur ce sujet, explique Thierry Philipponnat. L'investissement responsable est en train de devenir une réalité. Il faut d'abord réorienter la finance vers l'investissement et, cela fait, orienter l'argent vers les entreprises qui intègrent dans leur gestion les critères environnementaux, sociaux et de bonne gouvernance. À l'avenir, on pourrait aussi imaginer que, pour être qualifié d'ISR, un fonds n'investisse que dans des entreprises qui ne pratiquent pas l'évasion fiscale. Mais ce n'est pas le cas aujourd'hui. »

Un autre label a été créé pour les fonds d'investissement qui s'orientent vers le financement de la transition énergétique et l'économie verte. Ce label TEEC (Transition énergétique et écologique pour le climat) exclut le financement du nucléaire et des énergies fossiles. Peu de fonds sont éligibles. Une quinzaine d'entre eux ont reçu le label, plus restrictif que celui de l'ISR.

▸ **Anne-Catherine Husson-Traore** est directrice générale de Novethic. Ce media expert de l'économie responsable a plusieurs missions. Il dispose également d'un centre de recherche qui publie régulièrement des travaux. Enfin, il labellise des produits financiers d'après des critères environnementaux. Cette experte de l'investissement responsable intervient dans de nombreuses conférences, en France et à l'étranger. Auparavant journaliste, elle a travaillé pendant treize ans à M6.

Au sein de cette finance responsable ou verte, des tentatives de récupération existent. La transparence doit encore progresser. « Pour les entreprises, l'ISR est un vecteur d'incitation à s'intéresser à cette finance et à apporter des capitaux, précise Josette Amor, gérante d'Épargne en conscience. Il faut comprendre et accepter que l'on est dans un monde imparfait. Ce monde entame une mutation. Il n'est pas honnête de dire : "Je ne veux pas y aller car c'est gris." Cela revient à se donner bonne conscience pour continuer à investir dans la finance pourrie : "Ce n'est pas assez transparent, donc je ne change rien à mes habitudes." En fait, certaines personnes ne peuvent pas se passer de leur rendement de 5 % à 6 %. Je suis passée par là, je ne jette la pierre à personne, mais il faut être honnête avec soi-même. »

▸ **Josette Amor** exerce le métier de conseillère en gestion de patrimoine depuis 1992, après une carrière bancaire de quinze ans. Dans les années 2000, elle s'oriente vers la finance solidaire au service de la personne humaine et de l'environnement et fonde Épargne en conscience, une plateforme qui regroupe des placements solidaires et éthiques. « Je ne me retrouvais plus dans cette finance. Comment peut-on affamer des populations en spéculant sur les matières premières ? », s'interroge-t-elle. Proche de Pierre Rabhi, elle a créé en 2003 le livret *Agir*, diffusé par le Crédit coopératif au profit de l'association Terre et Humanisme.

Plus récente, une autre alternative est la finance participative. Sans rien de solidaire ou de responsable, elle permet de suivre son argent sans intermédiaire.

Les plateformes de *crowdfunding* se sont multipliées ces dernières années. En 2016, 233,8 millions d'euros ont été collectés par ce biais[4]. Les internautes donnent, prêtent ou investissent leur argent. Aujourd'hui, il est même possible de prêter à des entreprises. « Le financement participatif n'est pas de la finance solidaire ou éthique, déclare Vincent Ricordeau, cofondateur de Kisskissbankbank. Nous sommes une finance alternative qui permet aux gens de rendre leur épargne intelligente et de la flécher dans l'économie réelle. On sème des graines. Cependant, il y a peu de chances qu'on lutte contre la finance. Nos chiffres sont ridicules en comparaison. Mais on existe depuis peu. Ce mode transforme la finance de l'intérieur. Dans la finance, plus personne ne veut supporter les risques. Avec les plateformes, les prêteurs supportent le risque. Quand on reprend le pouvoir sur son argent pour le rediriger vers l'économie réelle, on entre dans une logique plus morale dans notre rapport à l'argent et à l'économie réelle. »

▸ **Vincent Ricordeau** est le cofondateur de la plateforme de financement participatif Kisskissbankbank, initialement réservée aux projets culturels, notamment à la musique. « Même si ce n'était pas très défini, nous voulions, dès l'origine, être des investisseurs de l'économie réelle », confie-t-il. Aujourd'hui, ce site s'est même ouvert au financement des PME. Depuis 2009, quatre-vingt-quatorze mille projets[5] ont été créés par le biais de cette plateforme. Leader européen, Kisskissbankbank a été racheté par La Banque postale en juin 2017. Face à un secteur très concurrentiel, de nombreux acteurs de la finance participative se sont en effet associés à des banques ces dernières années, parfois à contrecœur.

Une autre finance pour une autre économie

La finance solidaire induit forcément une économie bien différente. Elle a créé ou consolidé quarante-neuf mille emplois[6] en 2016. En proportion, l'économie sociale et solidaire est à l'origine de plus d'emplois que l'économie classique. Écarts de salaires et dividendes limités, utilité sociale et environnementale, financement hors des marchés financiers : tels sont les principaux critères de cette économie, bien loin des clichés éculés sur un secteur perfusé par les subventions de l'État. Bien au contraire, cette économie est rentable, mais son objectif premier n'est pas de réaliser toujours plus de profits. « Je suis convaincu qu'une entreprise dont le seul but est la rentabilité financière est plus fragile. Dans ce cas, les décisions prises ont des objectifs de rentabilité à court terme, affirme Denis Dementhon. La rentabilité est indispensable, mais ce n'est pas le principal but d'une entreprise de l'économie sociale et solidaire. La décision est donc plus éclairée. C'est pour cette raison que nous avons moins de défauts de remboursement de crédit qu'une banque classique. La recherche de l'intérêt général n'est pas contradictoire avec la rentabilité. Elle est même souvent à l'origine d'un modèle économique plus solide. »

Même réussite à la Nef. Les entreprises à qui cette banque accorde des crédits sont évaluées sur le terrain avec un accompagnement personnalisé, bien loin des savantes formules mathématiques. « On supporte et on maîtrise bien le risque, ajoute Amandine Albizzati. Nous avons un taux d'échec faible. Les évaluations faites par nos conseillers sont bonnes. Les projets que nous finançons sont solides car ils ont du sens. »

L'économie sociale et solidaire regroupe des associations, des coopératives, des entreprises. Face à un système économique à bout de souffle, de plus en plus de jeunes en quête de sens choisissent cette économie engagée. Ce secteur n'est plus une béquille sociale, mais bien une autre façon d'entreprendre, perçue comme une solution de plus en plus fiable face à une économie en perpétuelle crise. La frontière de ce secteur avec de nombreuses TPE et PME est de plus en plus ténue. Ils ont pour point commun de ne pas être financés sur les marchés. Autre similitude : les petites et moyennes entreprises, comme les acteurs de l'économie sociale et solidaire, sont des structures ancrées dans leur territoire. Elles participent à la vie des régions. Les décisions ne dépendent pas d'un siège social lointain, mais bien de la réalité d'une économie locale.

Christophe Chevalier, entrepreneur très engagé, ne cesse d'être à l'origine de nouvelles initiatives dans ce secteur. « Je ne combats pas la finance, confie-t-il. Je combats pour que chacun d'entre nous puisse travailler différemment, consommer différemment, placer son argent différemment. Le système actuel s'effondrera quand on n'en aura plus besoin. On n'a plus le droit à la passivité et à la non-conscience. De plus en plus de personnes s'intéressent à ces changements. C'est le signe qu'un jour cela va basculer. Par défaut, c'est la finance la pire qui gagne. L'économie, la finance sont des secteurs primordiaux. Je me sens entrepreneur politique sans étiquette politique. L'idée consiste à reprendre en main notre économie, notre finance. »

En 2007, Christophe Chevalier a racheté une partie des machines de l'usine Charles Jourdan, l'un des derniers fabricants de chaussures de sa région à fermer après une longue série de délocalisations. Comme de nombreuses entreprises de l'économie sociale et solidaire, sa société n'est pas spécialisée dans un domaine. Cet entrepreneur multiplie les activités au sein de son entreprise. Il est à la recherche des moindres poches d'emploi de son territoire : sous-traitance industrielle, service à la personne, intérim ou encore fabrication de chaussures. L'entreprise emploie des salariés en insertion et d'anciens ouvriers de marques de chaussures de luxe.

Le secret de réussite de cette entreprise réside en partie dans les faibles écarts de salaires et les dividendes très bas. Afin qu'une minorité d'actionnaires ne puisse pas prendre le pouvoir, chaque actionnaire n'a qu'une seule voix, peu importe le montant investi. « On a eu une période faste, raconte Christophe Chevalier. L'action aurait pu doubler. Certains auraient pu obtenir une plus-value et récupérer leur argent. Ensuite, nous avons vécu une période difficile, mais comme nous avions gardé l'argent dans l'entreprise, nous avons pu tenir. Sinon, l'entreprise aurait disparu. Dans les périodes fastes, on réinvestit l'argent dans l'entreprise. Ce choix est déterminant. La richesse créée reste dans l'entreprise et sur le territoire. »

▸ **Christophe Chevalier** est le PDG du Groupe Archer, à Romans-sur-Isère, une des grandes entreprises de la région. Il emploie deux mille salariés, équivalant à cinq cents personnes à temps plein. Plus de la moitié sont en insertion. Il vient également de créer un nouveau concept, Startup de territoire, afin de financer et de relier les entreprises d'un même territoire. « On replace l'entreprise dans l'intérêt collectif et le bien commun, témoigne cet entrepreneur. Un territoire où les entreprises sont concurrentes a beaucoup moins de chances de s'en sortir qu'un territoire où les entreprises coopèrent. Le but est d'avoir des capitalisations croisées entre les sociétés. »

Les exemples d'entreprises développées grâce à l'épargne solidaire pourraient être multipliés à l'envi. André Dupon est à la tête de l'une d'entre elles, une entreprise d'insertion de trois mille deux cents salariés, employés dans une quinzaine d'activités. Il est moins payé que dans une entreprise classique. Les écarts de salaires varient de 1 à 8. « Je suis un patron heureux, confie-t-il. Je ne suis pas obligé de vérifier le cours de l'action tous les matins. Et puis, l'essentiel de mon activité est de créer, développer et gérer des emplois pour des personnes qui n'en avaient pas. »

▸ **André Dupon**, ancien éducateur spécialisé, a rejoint en 1995 le groupe Vitamine T, une entreprise d'insertion par l'activité économique. Il en est aujourd'hui le président exécutif. Depuis sa création, Vitamine T a accompagné plus de trente mille personnes vers le retour à l'emploi.

Dans cette société, tous les bénéfices sont réinvestis. Résultat : cette entreprise solidaire est l'une des premières plateformes de traitement de déchets électroniques. « Il y a neuf ans, quand j'ai mis en place cette activité dans l'entreprise, les cartes électroniques issues d'un écran ne valait rien du tout. Aujourd'hui, elles valent 6000 euros la tonne car elles contiennent des terres rares, des métaux précieux. L'entreprise sociale que je dirige a eu la bonne idée de faire de l'innovation technologique afin de recycler ces métaux[7]. »

La nécessité de changer notre rapport à l'argent

Afin de faire évoluer notre économie, réformer la finance est indispensable et primordial. Toutes les mesures prises régulièrement par les politiques pour essayer de relancer un système en crise perpétuelle seront insuffisantes si aucun changement structurel n'est effectué sur les marchés financiers.

Néanmoins, pour enclencher ces évolutions et s'orienter davantage vers la finance solidaire, il sera difficile d'éluder une réflexion sur notre rapport à l'argent. La finance actuelle n'est que le reflet de notre société. L'argent n'est plus un moyen, mais une fin en soi. « La finance est une déclinaison de l'argent, insiste Josette Amor. Elle concerne un nombre réduit de personnes. Mais les répercussions concernent beaucoup de monde. Aujourd'hui, pour avoir une finance vivante, il faut tuer le vivant. »

Dans le quotidien, chacun peut le constater : nous avons tous un rapport personnel et différent à l'argent. « On peut avoir plusieurs attitudes : soit la richesse généreuse, ouverte, qui permet d'avoir une vie sociale intéressante ; soit la cupidité, qui accumule en bloquant la circulation de l'argent par crainte de l'avenir. L'avare a un rapport pathologique à l'argent, il accumule pour accumuler », estime Pierre Rabhi. « L'argent peut être un outil de jouissance, poursuit Josette Amor. Quand nous en avons, il nous en faut toujours plus. Il faut détricoter le mécanisme qui mène à cela pour s'en libérer. »

L'argent n'a pas toujours eu ce rôle primordial. Certains peuples sont beaucoup moins monétarisés que les sociétés dites modernes. « À la base, l'argent a été créé pour faciliter le troc, explique Pierre Rabhi. Il n'est pas très commode d'échanger un sac de pommes de terre contre des chaussures. L'argent est censé faciliter les échanges. L'argent doit servir à payer le savoir-faire d'un artisan, d'un ouvrier. C'est un moyen d'échange pratique. » Josette Amor le confirme : « L'argent est un instrument d'échange. Il peut financer du sens ou du non-sens. »

Les épargnants interrogés dans ce carnet qui ont choisi de placer leur argent dans des projets solidaires et environnementaux éprouvent une grande satisfaction. « Cette transparence est tout simplement réjouissante, témoigne Julien Guerrero. Les intérêts annuels sont moins élevés, c'est vrai, et je décide même de les rétrocéder intégralement à des projets qui, dans le monde actuel, font “avancer le Schmilblick” dans ce que j'estime être la bonne direction. La contrepartie n'est plus financière et son taux ne se surveille plus comme le score d'un match ; la contrepartie est devenue celle du sens et son taux m'apparaît aujourd'hui bien supérieur à ce que mon ancienne mentalité percevait. »

Il serait sans doute intéressant de revenir à un rapport plus simple à l'argent. Aujourd'hui, peu de domaines lui échappent. Tout a un prix. Nous l'avons expliqué dans ce carnet, même la nature est de plus en plus monétarisée. « L'argent détermine tout, analyse Pierre Rabhi. On peut le thésauriser, l'accumuler, le capitaliser, on peut spéculer. La cupidité est organisée en système d'existence. L'argent peut nous entraîner dans un superflu sans limites. Les besoins réels d'un être humain sont de se vêtir, de manger, de se soigner et de s'abriter. » Depuis des années, Pierre Rabhi prône la sobriété heureuse, pour sauver notre planète : « Le toujours plus part du principe de prélèvements indéfinis sur la nature. Et si on prélève indéfiniment, à l'excès, la nature n'a plus la capacité et le temps pour se renouveler. »

« L'argent est utile. Le problème naît lorsque nous outrepassons la nécessité, résume Pierre Rabhi. L'argent joue un rôle très intéressant. Il représente de la matière, du travail, de l'énergie. Il peut être au service de la vie. Pour les besoins légitimes de survie, il n'y a rien à dire. Mais lorsqu'on accumule, on sort du cadre strict de la contrepartie financière d'un travail ou d'une matière. Dans ce cas, je parle de prédation légalisée ! L'argent permet à des hommes d'être des prédateurs et de réaliser des prélèvements outranciers sur le bien commun. »

Conclusion

La place prise par la finance a des conséquences concrètes sur le quotidien de chacun. Même la crise des subprimes, devenue mondiale, avec ses pertes financières colossales, n'a pas permis d'éveiller les consciences sur cette financiarisation de la société. Sans changement structurel de ce secteur, aucune véritable évolution de notre société ne sera possible. Seuls quelques rafistolages pourront être opérés par les politiques. Voilà pourquoi les citoyens ont l'impression que les politiques n'ont plus aucun pouvoir et multiplient les réformes inutiles.

La méconnaissance de cette problématique, la puissance du lobby bancaire et financier, le manque de courage politique alimentent sans aucun doute le populisme. Ce constat a pratiquement fait l'unanimité auprès de la soixantaine de personnes interrogées pour ce carnet.

En travaillant sur ce sujet, nous avons remarqué un décalage, un gouffre immense entre les discussions engagées avec les associations telles que Finance Watch ou les économistes critiquant le poids excessif de la finance et celles menées avec les milieux institutionnels, financiers et avec certains politiques, à Bruxelles ou dans les cabinets ministériels. Nous avons l'impression de deux mondes avec deux langages différents, et un dialogue quasi inexistant. Ces débats sur la réforme de la finance ont tout intérêt à devenir publics. Nous espérons que ce carnet contribuera à ce que chaque citoyen puisse se saisir de ces problématiques. Les marchés financiers peuvent exister sans cette complexité, cette rapidité et cette taille démesurée. Nous avons besoin d'une finance plus lente et moins envahissante.

Paradoxalement, les bulles, les futures crises, les fragilités se créent sur les marchés lorsque tout se passe bien, et même lors des moments d'euphorie. Mais une sorte de croyance, de divinisation des marchés financiers semble empêcher toute réforme structurelle, de peur que le système s'écroule. Il ne faudrait pas toucher au système lorsqu'il fonctionne bien. De nombreux spécialistes ont comparé les marchés financiers à des réacteurs nucléaires susceptibles d'exploser à tout moment.

Depuis 2007, des mesures ont été mises en place. Cependant, elles sont insuffisantes. Et certains voudraient même détricoter ces réformes. Le président américain Donald Trump en a émis le souhait. En France, le président Emmanuel Macron et son gouvernement ont d'ores et déjà multiplié les opérations de séduction pour attirer les financiers de la City à la suite du Brexit. À Bruxelles, le projet d'union des marchés de capitaux relance la titrisation pour financer les PME. Mais pourquoi réutiliser des techniques qui ont failli ? Pourquoi vouloir relancer l'économie sur le développement du secteur financier actuel, alors que les expériences passées ont prouvé l'échec de telles mesures ?

Dans la première partie de ce carnet, nous avons démontré que les marchés financiers ont aujourd'hui plutôt tendance à démanteler des grandes entreprises construites en plusieurs décennies, notamment à cause de décisions court-termistes. Il faudra sans doute beaucoup de courage politique et une forte mobilisation citoyenne pour sortir de ce grand marasme et changer, enfin, structurellement les marchés financiers. Les problèmes environnementaux, actuellement en forte expansion, ne cesseront de nous le rappeler.

Nous l'avons montré à la fin de ce carnet, des solutions simples existent. Tous les jours, des acteurs de la société civile expérimentent et parviennent à créer une autre finance, une autre économie, une autre société.

Chiffres clés

• La taille du secteur bancaire européen est plus de 3,5 fois supérieure au PIB des pays européens.

• Chaque jour, sur le marché des changes, 5 100 milliards de dollars sont échangés.

• Le bilan des 28 banques les plus importantes équivaut à l'endettement d'un peu moins de 200 pays à travers le monde.

• En France, en 20 ans, les dividendes ont été multipliés par 7.

• Entre octobre 2008 et octobre 2011, la Commission européenne a approuvé environ 4 500 milliards d'euros d'aides d'État vers des établissements financiers, soit 37 % du PIB de l'Union européenne.

• En moyenne, dans les pays occidentaux, la dette publique, exprimée en part du PIB, a augmenté de 34 % entre 2007 et 2014.

• Le montant de l'ensemble de l'encours des produits dérivés équivaut à 10 fois le PIB mondial. En moins de 20 ans, ils ont été multipliés par 12.

• Seulement 12 % des actifs dans les bilans des banques européennes représentent des prêts à des entreprises non financières et 16 % des prêts à des particuliers.

• À qualification égale, les employés du secteur financier touchent des salaires supérieurs de 28 % en moyenne par rapport au reste de la population active. La différence grimpe à 40 % pour la tranche des 10 salariés les mieux rémunérés.

• En moyenne, dans les pays développés, les salaires du secteur financier ont augmenté de 36 % de plus que dans les autres domaines entre 1980 et 2008.

• En 2011, 44 millions de personnes supplémentaires ont souffert de la faim à cause de l'augmentation du prix des denrées alimentaires.

• Les 14 premières banques systémiques gèrent près de 90 % des encours des produits dérivés

• En 2016, en France, 55 % des transactions ont été réalisées par le biais du trading haute fréquence.

• La fraude et l'évasion fiscale représenteraient 60 à 80 milliards d'euros par an en France, soit entre 16,7 % et 22,3 % des recettes fiscales : l'équivalent du déficit public annuel de notre pays.

• En 2015, la finance de l'ombre, la finance hors du réseau bancaire, représentait 92 000 milliards de dollars, soit 150 % du PIB mondial.

• En Islande, suite à la crise financière, 37 accusés ont été reconnus coupables et condamnés à la prison par la Cour suprême.

• En 2016, les encours de l'épargne solidaire se sont élevés à 9,76 milliards d'euros en France.

• Les encours de l'Investissement socialement responsable s'élèvent à 746 milliards d'euros en France.

• En 2016, 233,8 millions d'euros ont été collectés par le biais du *crowdfunding* en France.

Entretien avec Pierre Rabhi

Juliette Duquesne. — *Êtes-vous surpris par les conséquences dommageables de la financiarisation de l'économie et par la complexité des marchés financiers ?*

Pierre Rabhi. — Avant toute chose, je serais très triste si mes propos venaient à culpabiliser qui que ce soit. Le réquisitoire que ma conscience me somme de faire, en quelque sorte, a pour but d'interpeller mes frères humains, pour que nous puissions ensemble œuvrer à l'avènement d'une société belle de sa bienveillance et de l'amour comme la plus puissante énergie pour servir l'intelligence. J'ai moi-même conscience de mes contradictions et tente de les réduire.

La finance est devenue une jungle inextricable. Comme nous avons eu l'aberration d'en faire la valeur suprême, nous sommes pris dans un labyrinthe où seuls des initiés peuvent se mouvoir. La complexité découle de l'imbécillité du choix de base : la vie est désormais subordonnée au lucre. Le citoyen a presque le devoir d'avoir les idées claires sur les mécanismes qui déterminent sa propre existence à son insu. Voilà pourquoi nous avons voulu créer ces carnets d'alerte. Aujourd'hui, nous sommes pris dans les filets d'un système dont nous avons du mal à comprendre le fonctionnement. Il est plus que jamais important d'être lucide sur les stratagèmes sournois. L'objectif est d'être victime le moins possible, dans ce monde qui dénie toute valeur à l'humain et la nature.

— *Le poids du secteur bancaire européen est plus de 3,5 fois supérieur au PIB des pays européens. Chaque jour, sur le marché des changes, 5 100 milliards de dollars sont échangés. Le total de bilan des vingt-huit banques les plus importantes équivaut à l'endettement d'un peu moins de deux cents pays à travers le monde. Comment en est-on arrivé à de tels excès ?*

— Il ne faut pas s'étonner de ces chiffres, dès lors que l'on a donné à l'argent plus de valeur qu'à la vie elle-même et que les fondements de la vie, la planète, l'écologie, sont devenus des questions subsidiaires. Que l'on soit riche ou pauvre, nous sommes totalement dépendants de la nature. La référence à la nature régule la vie. Elle est gardienne des cadences justes. Nous ne pourrons jamais nous en passer pour survivre. Il est urgent que les êtres humains prennent conscience de leur inconscience. Aujourd'hui, nous sommes dans cette inconscience, tenue pour une conscience. Nous l'exaltons même dans des savoirs diplômés. Nous avons attribué une valeur fastueuse à un savoir systémique, déconnecté de la réalité. Il ne faut donc pas s'étonner d'avoir toutes ces conséquences et ces retournements. Cette attitude nous conduit à de telles dérives. Bien des peuples souffrent de

disettes et de famines, sans que nous considérions cette calamité comme un problème plus urgent à résoudre que toutes les banalités qui peuplent la société de l'abondance sans joie.

Les marchés financiers ont pris cette ampleur car nous sommes déconnectés de la nature, de nous-mêmes, de la vie. La nature a établi des règles absolues. Elle est la matrice sans laquelle nous n'existerions pas. Il y a quelque temps, une journaliste réalisait une enquête sur l'eau ; je lui ai rappelé que nous sommes nous-mêmes de l'eau. La planète n'a pas besoin de nous. Nous sommes la nature, mais nous ne sommes qu'un élément tout à fait contingent de la planète. Nous ne détruirons pas la planète, elle possède de multiples stratagèmes pour se régénérer. Elle l'a prouvé depuis son avènement, il y a plus de 4,5 milliards d'années. Par contre, nous gâchons énormément d'énergie à nous rendre la vie impossible. Une nouvelle posture est souhaitable pour coopérer avec l'intelligence de la vie.

— *Nous l'avons montré dans ce carnet, les marchés financiers utilisent les mathématiques les plus savantes, recrutent les meilleurs mathématiciens. On pourrait donc en déduire que leur fonctionnement est intelligent et sophistiqué. Qu'en pensez-vous ?*

— Ces mathématiciens sont les meilleurs dans un système particulier. Il ne faut pas les mettre sur un piédestal. Depuis tout petit, ils ont probablement été conditionnés à penser de cette manière. Ils ont été endoctrinés. Ensuite, ils valorisent et propagent ce système qui a donné à l'argent les pleins pouvoirs. L'humanité consacre beaucoup plus de moyens à détruire la planète qu'à en prendre soin. Je le dis et je le répète : tant que nous en serons là, il n'y aura pas d'intelligence. Il faut cesser de confondre nos aptitudes à manipuler la matière et à faire des miracles technologiques avec l'intelligence qui aurait permis de leur donner une finalité bénéfique pour notre histoire.

Je fais confiance aux individus pour prendre conscience de leur inconscience. Heureusement, certaines personnes qui sont passées par tous ces conditionnements et ces manipulations mentales ouvrent les yeux et se rendent compte que nous ne sommes que des mammifères verticaux dotés d'un cerveau perfectionné. Ils s'aperçoivent qu'ils ont une vie très courte et qu'il serait temps d'apprendre à vivre. Ces élévations de conscience sont de plus en plus nombreuses.

Aujourd'hui, il me semble juste de se demander : y a-t-il une vie avant la mort ? Cette question est plus appropriée que l'interrogation métaphysique : y a-t-il une vie après la mort ? Exister, est-ce vivre ou est-ce fonctionner momentanément dans une logique prédéterminée, où l'argent a les pleins pouvoirs ? L'argent est irrationnel et subjectif. On le croit à tort rationnel. C'est la peur, l'orgueil, la cupidité qui encouragent l'être humain à organiser un système comme celui-ci. Être vivant et responsable ne nous permet pas d'accepter ces aberrations.

J'invite ceux qui considéreraient mon discours comme étant d'un romantisme primaire et stérile à prendre connaissance de toutes les réalisations concrètes dont je suis l'initiateur, au Nord comme au Sud. Terre et Humanisme, par exemple, a pour mission de participer à l'éradication de la famine par l'agroécologie. L'argent nous est nécessaire pour accomplir nos actions ; nous ne vivons pas de subventions, mais du travail effectué par les différentes structures. Ma pensée est très objective et réaliste. Elle est peut-être utopique, mais elle s'incarne heureusement dans des réalisations concrètes.

— *Certaines personnes manifestent une forme de croyance à l'endroit des marchés financiers. Ils estiment qu'ils peuvent anticiper, prévoir, évaluer au mieux grâce à des formules mathématiques et des ordinateurs puissants. Comment expliquez-vous cette évolution ?*

— C'est l'obscurantisme le plus total. Cette effervescence à vouloir organiser la complexité est déterminée par la peur et la quête de sécurité permanente. Les êtres humains ont peur de la mort, de la finitude, de l'insignifiance. Ils ont le désir impérieux d'être en sécurité, notamment par l'argent. Certes, cette sécurité existe, mais elle est matérielle. Il faudrait d'ailleurs que cet argent soit partagé plus équitablement. On pourrait se demander pourquoi accumuler indéfiniment, quand on sait qu'il faudra tout abandonner pour s'en aller. Que se passe-t-il après la mort ? La question est constamment posée, la réponse reste improbable. Elle est même sujet à controverses violentes, chaque partie prétendant avoir la bonne réponse.

— De nombreux acteurs de la finance veulent gagner de l'argent, mais là n'est pas le seul objectif. Il existe une sorte d'idéologie sur les marchés. Avant la crise des subprimes, des financiers pensaient même réussir à maîtriser le système sans supporter le risque. Que pensez-vous de cette évolution ?

— Comme je l'ai répété maintes fois, l'être humain a peur. Il voudrait transcender son destin. Il s'agite de tous côtés. Les marchés financiers dérivent d'un sentiment profond d'insécurité qui produit toute cette complexité. La sobriété est l'antidote à tout cela.

L'angoisse est le carburant du monde actuel. Il faut générer de l'angoisse pour que les individus soient toujours en quête de sécurité, comme en témoignent les frontières et les armements. C'est paradoxalement au sein des villes surpeuplées que la solitude est la plus douloureuse.

— Les marchés financiers ont acquis un tel poids qu'ils influencent même la démocratie. Ils ont participé à l'augmentation des inégalités et donc à la montée du populisme. Ces phénomènes sont-ils dangereux ?

— Nous ne sommes plus dans une finance déterminée par les échanges de nécessité. Il faudrait qu'elle représente la richesse réelle. Aujourd'hui, nous sommes dans une richesse sans richesse. Tout est faussé. Cela ouvre les portes à toutes les spéculations possibles et imaginables. La finance est devenue la souveraine absolue du destin humain. L'homme est piégé par la subjectivité et les symboles, il devrait plutôt se fier au réalisme.

Qu'est-ce que le réalisme ? Il faut que je mange à ma faim, que je sois vêtu, que j'aie un toit sur ma tête et que je me soigne. Ce sont mes besoins fondamentaux absolus.

Comme je l'ai déjà exprimé en introduction, l'être humain est le seul animal qui travaille. Les animaux ne travaillent pas : ils vaquent à des activités afin de répondre à leurs besoins vitaux. L'animal a commencé à travailler quand l'être humain lui a mis un joug ou un collier. Il l'a mis au boulot comme lui-même s'est mis au boulot. Par conséquent, nous sommes allés dans la voie du superflu. On ne vaque pas seulement à notre survie. C'est pour cela que la finance a pris cette ampleur : pour essayer de répondre à des frustrations inassouvies plutôt qu'à des réalités objectives.

Nous n'avons pas besoin de beaucoup d'argent pour satisfaire à nos besoins fondamentaux. Cependant, si l'on s'exprime à travers les apparences, cela change la donne. La voiture n'est qu'un outil qui nous transporte d'un point à un autre et nous en avons fait le moyen symbolique pour une reconnaissance sociale. Malheureusement, l'être humain fonctionne plus avec le subjectif que l'objectif. Combien d'usagers de leur véhicule sont capables de le dépanner ? Il faut donc de plus en plus de spécialistes, comme l'a bien analysé Ivan Illich, penseur de l'écologie politique. L'usager est donc un citoyen pris en otage, avec un espace d'initiative de plus en plus restreint. L'espace rural pourrait être dédié à des applications techniques inspirées globalement par les prouesses de la simplification.

C'est pour cela que j'insiste sur la sobriété heureuse. Cette puissance extraordinaire libère l'être humain. S'il n'est pas capable de faire de la sobriété une performance, il est dépendant de ses désirs et de ses besoins insatiables. Ceux qui captent l'argent ne demandent pas mieux qu'un individu soit insatiable pour être conforme au « toujours plus » obsessionnel dont la société est à la fois animée et crétinisée.

Tous ces constats ne sont guère dissociables des marchés financiers auxquels ils sont par définition subordonnés. Ils instaurent des inégalités, causes de mécontentements et de violences. On peut s'attendre à l'augmentation des protestations violentes et meurtrières si l'équité n'est pas considérée comme la première valeur à instaurer dans le monde.

— *Dans les médias et les programmes politiques, cette problématique des excès de la finance est peu traitée. Pourtant, sans réforme structurelle de ce secteur, il sera difficile de changer notre système économique. Pourquoi ce sujet est-il si peu abordé et expliqué au grand public ?*

— Sans être hostile au divertissement comme besoin légitime, celui-ci a pris une place très importante dans la société contemporaine. Peut-être est-il adulé comme le moyen le plus efficace pour évincer les problèmes dont la résolution est devenue très difficile pour le genre humain. Nous sommes dans la fuite permanente de cette réalité. On peut même parler d'« opium du peuple ».

Nous sommes dans un système où les individus ont désappris le fait de s'occuper de leurs oignons, à savoir ce qui se trame. On peut donc manipuler leur propre existence à des fins d'intérêts particuliers. Il faut éveiller le citoyen pour espérer des changements bénéfiques. Un citoyen éveillé est lucide sur ce qui se passe. Il ne fuit pas la réalité en permanence. De nombreux êtres humains sont pris dans un hyperconditionnement qui les empêche de réfléchir. Cela prend le caractère d'une sorte de lobotomisation préjudiciable à l'éveil.

Si nous étions tranquilles et paisibles, nous n'aurions pas besoin d'avoir toujours plus d'argent. Cette quête vient également de l'ennui abyssal de nos sociétés. De plus en plus d'individus ne voient plus le sens de leur vie. Comme nous sommes provisoirement sur cette terre, nous devrions en jouir et en prendre soin. La personne, assise sur des milliards d'euros, n'est pas forcément heureuse. La joie de vivre est essentielle et me paraît plus importante que l'accaparement d'objets que nous laisserons sans nul doute.

— *Si le sujet est peu évoqué, c'est aussi que la finance est difficilement perceptible. Le grand public considère souvent cette nébuleuse comme abstraite et insaisissable. Est-ce une autre raison de cette sous-médiatisation d'une thématique pourtant capitale ?*

— Dans nos sociétés, beaucoup de sujets sont devenus virtuels. La finance est contaminée par le même principe. Même les enfants se réfugient devant les écrans, très jeunes, avant d'avoir expérimenté l'aspect concret de la vie. Cette abstraction est devenue la façon d'organiser le rapport humain et la vie humaine. Nous sommes dans une espèce de coton soporifique où le cerveau n'est sollicité que pour ce monde virtuel. Le cerveau n'est plus sollicité pour les besoins fondamentaux, alors que c'est sa fonction première. Je ne suis pas contre les ordinateurs quand ils sont utilisés pour rapprocher les individus.

Je vais vous raconter une anecdote. Je prends assez souvent le train. Il y a quelques mois, je suis entré dans un wagon. Personne ne se parlait car tous les passagers avaient le regard rivé sur leur écran. D'autres, silencieux, des écouteurs sur les oreilles, avaient les yeux clos, comme dans une sorte de nirvana. Il y avait une contradiction criante entre ces personnes équipées de moyens de communication, mais qui ne communiquaient pas. Or le wagon a été souvent un lieu d'échange entre inconnus. J'ai fait la connaissance de beaucoup de personnes à l'occasion de ces voyages.

La finance a connu la même évolution. On peut faire des transactions sans passer par l'argent comme matière sonnante et trébuchante, selon le vieil adage. La finance est la composante la plus importante d'un paradigme particulier qui est celui d'une modernité fondée sur le bon vieux mythe prométhéen selon lequel nous serions des surhommes. Il faut réintégrer dans notre existence des éléments spirituels, poétiques, sensoriels. Aujourd'hui, nous n'avons gardé que l'aspect communication. La communication n'est pas la relation. Trop de communication peut même briser la relation. D'aucuns peuvent considérer que l'on n'a plus besoin de se voir car on se parle autrement. Les humains ne sont pas assez ancrés et n'ont plus la capacité de réorienter leur destin.

— *Dans ce carnet, nous traitons d'un point qui vous tient particulièrement à cœur, la monétarisation et la financiarisation de la nature. Il me semble savoir que ce sujet vous choque. Pourtant, ce sont les écologistes qui ont commencé à donner un prix à la nature, leur objectif étant de la prendre enfin en compte. Faut-il donner un prix à la nature ?*

— Personne n'a créé la nature. Cette réalité devrait être inscrite dans les lois internationales. La nature n'appartient à personne. Nous sommes les usufruitiers et non les propriétaires. Le patrimoine naturel est le patrimoine de tous, ainsi que celui des générations futures. Sous prétexte que l'on a des dollars, le fait de confisquer une partie de la nature est une abjection absolue. La nature a trop de valeur pour avoir un prix.

Si on donne un prix à la nature, le risque est que l'on puisse l'acheter. La nature ne doit pas être à vendre. Je pense que ce sont des règles très dangereuses. Si je caricature, un cartel de milliardaires pourrait s'organiser pour acheter l'ensemble de la planète. Il pourrait se justifier en répétant : « On ne l'a pas pris, on l'a payé. » Il est indispensable de changer notre perception. Il faut ajouter dans le programme d'éducation des enfants le respect de la vie et de la nature. En grandissant, ils comprendront que la nature n'est pas à vendre. On devrait leur faire lire le magnifique discours du chef indien Seattle, en 1854, expliquant aux Américains souhaitant acheter leur terrain que les terres ne leur appartiennent pas : « Comment pouvez-vous acheter ou vendre le ciel, la chaleur de la terre ? L'idée nous paraît étrange. Si nous ne possédons pas la fraîcheur de l'air et le miroitement de l'eau, comment pouvez-vous les acheter ? »

Encore une fois, je compare ces comportements à de la prédation légalisée. D'aucuns viennent prélever sur un existant qu'ils n'ont pas créé. La nature s'est réalisée elle-même. Ils ponctionnent les bénéfices de cette nature qui appartient à tout le monde. Cela me semble une terrible illégalité morale.

Où en est l'humanité de son état de conscience ? Si l'humanité était éveillée, elle ne ferait de l'argent que du positif. Ce problème d'évolution du phénomène humain n'est qu'un épisode particulier de l'histoire de la planète. Cette espèce de bipède, advenue tardivement sur Terre, comme cela a été maintes fois rappelé, a rompu depuis longtemps avec les lois de la nature.

Le problème n'est pas la finance ou l'argent, mais l'intention. On peut faire d'un couteau un instrument pour tuer ou un outil pratique pour de multiples fonctions. Tout dépend de l'intention de l'être humain, qui est le seul mammifère à avoir engagé le processus de sa propre extinction, comme je le répète souvent. Le fait de financiariser la nature est une transgression majeure.

— *Ce titre que vous avez trouvé,* Les Excès de la finance, ou l'art de la prédation légalisée, *paraîtra exagéré à certains. Pourquoi employer le terme : art de la prédation légalisée ?*

— Cet accaparement n'est pas une pulsion ordinaire. Il est organisé, structuré. C'est un dogme singulier, un précepte particulier, enseigné même dans les écoles. On apprend à manipuler l'argent, à en profiter. Ce n'est pas spontané. Dans certains pays, la science de la finance n'existe pas. Elle n'a aucun intérêt pour eux. Choisir le terme « art » n'est pas anodin. Il existe bien une science élaborée pour établir les règles de la finance actuelle. On applaudit et on envie même ceux qui réussissent.

— *Nous avons tâché, dans ce carnet, de ne pas en rajouter, de ne pas caricaturer davantage une réalité qui l'est déjà bien assez. La finance est d'ailleurs utile. Vous avez vous-même un « fonds de dotation Pierre Rabhi », n'est-ce pas ?*

— La finance est de l'énergie. Quand j'achète un produit, je reçois l'énergie de la personne qui me le vend. En échange, je lui donne de l'énergie pour qu'elle puisse continuer à assurer sa fonction. La finance provient de l'argent qui remplace le troc.

Pour nommer sa structure, mon amie Josette Amor a choisi ce beau titre : « épargne en conscience ». Il ne s'agit pas d'épargner pour épargner, mais d'épargner en conscience. Les humains ont toujours troqué d'une matière ou d'une autre. J'entretiens la vie d'un autre et il entretient ma vie. Cette circulation de la vie dans la réciprocité est magnifique. L'argent doit être au service de la vie et non objet d'accumulation pour produire de la puissance. Une conscience éveillée fait de l'argent un des moyens au service du vivre ensemble.

— *Certaines personnes seront étonnées de vous retrouver dans un carnet sur la finance. Pourquoi ce sujet vous intéresse-t-il ?*

— Je le répète, l'argent n'est pour moi que représentatif de l'effort humain. C'est une sorte d'énergie qui circule. Quand je donne à un marchand de légumes 10 euros pour 3 kilos de pommes de terre, il m'a donné de l'énergie, je lui ai donné de l'énergie. Un point, c'est tout. Par contre, l'organisation de la société nous fait donner notre argent à des organisations qui ne sont nullement préoccupées de produire de la satisfaction équitablement partagée. Et dans ce cas, nous sommes dans la confiscation graduelle d'un bien indispensable au profit d'un ordre totalitaire produisant de l'indigence.

Ces sujets sont très déterminants. Derrière le mot finance, il y a une nébuleuse très complexe. La finance représente aujourd'hui l'énergie universelle, l'argent étant le nerf de la guerre, selon cette horrible expression. J'ai déjà écrit sur la sobriété heureuse ou sur la puissance de la modération. Leur succès de librairie révèle bien leur juste résonance. Ces thématiques ne sont pas si éloignées des sujets financiers. Je ne rejette pas la finance, mais ce qu'elle induit dans le vivre ensemble à l'échelle du monde. Pour que change le rapport à l'argent, il faut que l'être humain change lui-même. Je rêve d'un monde où la sobriété soit considérée comme la plus belle prouesse qu'un être humain puisse accomplir en s'affranchissant de la dépendance aliénante.

Lorsqu'on constate les montants échangés sur les marchés financiers, ça révèle la stupidité humaine. La vie est si précieuse. Au lieu de l'honorer dans la légèreté et la simplicité, on s'encombre l'esprit avec des histoires de transactions financières. Cela crée des angoisses. Pour moi, cela n'a aucun sens. Ce système fondé par les humains donne l'impression par sa complexité d'être intelligent, alors que fondamentalement il ne l'est pas. Les êtres humains sont les premiers touchés par cette logique mortifère. Nous l'avons bien démontré dans le carnet sur la faim dans le monde[1]. Pour sortir de ces marasmes, pour changer la société, je ne répéterai jamais assez qu'un changement humain est absolument indispensable, et cela incombe à chacune et chacun d'entre nous.

— *Dans la dernière partie de ce carnet d'alerte, nous démontrons également qu'il existe une autre finance, plus solidaire et éthique. Êtes-vous confiant pour l'avenir ?*

— Ce sont des alternatives, des innovations qui vont moraliser la finance. Ce génie créateur de la société civile est rassurant. Nous sommes dans un monde où tout est surdimensionné. Cette outrance dépossède de plus en plus l'individu de son espace d'initiative. Il est pris, en quelque sorte, dans une logique plus ou moins anonyme qui le gère et l'empêche d'avoir une mainmise sur sa destinée. Revenir à une créativité à taille humaine, maîtrisable et sensible, apporterait de la convivialité dans les rapports humains. Il faut empêcher que se propagent de plus en plus l'anonymat, la dispersion et l'abolition du libre-arbitre. Il est essentiel de maîtriser l'usage de l'argent, comme d'assurer sa survie alimentaire qui aujourd'hui est tragiquement dépendante des transports, alors que l'espace et la friche périurbaine pourraient être consacrés à résoudre directement cette nécessité impérative.

Actuellement, une réaction de survie existe et s'amplifie. Ce n'est pas un phénomène sans consistance. Cette fois, elle est de mieux en mieux structurée, avec la rigueur qu'elle nécessite face à notre modèle de société. Devenir responsable dans le domaine de la finance est essentiel, au même titre qu'être responsable de sa nourriture, de l'éducation de ses enfants. On pourrait lister toutes les activités humaines qui ont été institutionnalisées et administrées. L'avenir se situe dans ce qui est petit et maîtrisable par les citoyens pour sortir de ce « système administré », déresponsabilisant. Il faut être très vigilant pour ne pas retomber dans les ornières de 1968. Cette protestation condamnait, à juste titre, les excès de la société de consommation, mais elle était sous l'inspiration d'une multitude de philosophes et de philosophies souvent déconnectés de la réalité tangible.

Aujourd'hui, la récession menaçant un avenir de pénuries graves ne permet pas de se plaindre d'une croissance effrénée. Une opportunité magnifique s'offre à l'imagination créative pour changer radicalement de paradigme. Considérer la simplification et la simplicité comme de vraies performances ouvre à la collectivité humaine un magnifique chantier pour un avenir vraiment vivable et viable. Cela rendra obsolètes les préceptes, credos et dogmes de la croissance dont la finalité ultime ne peut être autre que l'épuisement et l'anéantissement des nécessités dont a impérativement besoin ce phénomène appelé humanité. En disant cela, je pense évidemment aux générations qui adviennent chaque jour sans la garantie de pouvoir survivre. Je pense également à toutes les créatures compagnes de notre destin et que nous éradiquons de la terre commune.

L'appel à l'insurrection des consciences qui a été le slogan de ma campagne présidentielle de 2002 demeure d'actualité. Être pessimiste ou optimiste n'a pas de sens. L'avenir est entre nos mains habiles et créatrices. Et ces mains créatrices n'ont jamais été aussi nombreuses qu'au cœur de la transition actuelle. Nous sommes de plus en plus nombreux à être vraiment persuadés que le temps de la sobriété heureuse, de la puissance de la modération est arrivé. Cette option est en train d'éclore dans la société civile. C'est cette espérance que nous encourageons tous les jours à travers nos différentes structures (les Colibris, les Amanins, Terre et Humanisme, le monastère de Solan, le Hameau des Buis, les Femmes semencières et bien d'autres encore). Ces organisations célèbrent le magnifique sursaut créateur pour un avenir écologique et humain parfaitement vivable.

Notes

SCIENCE ÉCONOMIQUE OU ART DE LA PRÉDATION LÉGALISÉE ?

1. Henry Fairfield Osborn Jr, *Our Plundered Planet*, Little, Brown & Company, New York, 1948 ; *La Planète au pillage*, Payot, 1949 ; Actes Sud, coll. « Babel », 2008.
2. Représentation du lucre et de l'avarice, dans la Bible.
3. Voir Edgar Morin, Anne-Brigitte Kern, *Terre-Patrie*, Seuil, 1993.
4. Pour plus de détails, voir : Juliette Duquesne, Pierre Rabhi, *Les Semences, un patrimoine vital en voie de disparition*, Presses du Châtelet, 2017.

INTRODUCTION

1. PIB : produit intérieur brut, indicateur qui sert à mesurer la production de richesses d'un pays.
2. Groupe d'experts de haut niveau sur la réforme structurelle du secteur bancaire de l'UE présidé par Erkki Liikanen, rapport final, 2 octobre 2012, p. 3.
3. Le marché des changes est celui où s'échangent les devises, les monnaies convertibles, à des taux de change qui ne cessent de fluctuer.
4. Chiffre obtenu par le service de presse du Bureau des règlements internationaux. Il correspond à une moyenne obtenue des données d'avril 2016.

5. François Morin, *L'Hydre mondiale. L'oligopole bancaire*, Lux éditeur, 2015, p. 34.

I. DES SALARIÉS AUX GRAINS DE BLÉ

1. Sollicitée à plusieurs reprises, Sanofi n'a pas répondu à nos demandes d'interview.
2. Le dividende est une partie des bénéfices d'une société versée aux actionnaires. Le montant est décidé lors de l'assemblée générale.
3. « La finance contre l'emploi et l'intérêt de la nation », document CGT, présentation au ministère de l'Industrie, 2016.
4. Document de référence, Sanofi 2016, p. III.
5. *Ibid*, p. 158.
6. *Ibid*, p 47.
7. Sollicitée à plusieurs reprises, la Société générale n'a pas répondu à nos demandes d'interview.
8. Documents de référence Société générale, 2013 et 2017.
9. Didier Davydoff, Daniele Fano, « Who owns the European economy? Evolution of ownership of eu-listed companies between 1970 and 2012 », A Report for the European Commission and the Financial Services User Group, August 2013, p. 40.
10. Les sociétés d'investissement à capital variable.
11. Didier Davydoff, Daniele Fano, *op. cit.*
12. Pierre-Yves Gomez et Zied Guedri (dir.), « 20 ans de distribution de dividendes en France 1992-2011 », Institut français de gouvernement des entreprises, mai 2013, p. 4.
13. Interview réalisée en 2013 lors d'un reportage pour le journal de TF1.
14. Stefania Vitali, James B. Glattfelder, Stefano Battiston, « The Network of Global Corporate Control », *PLOS ONE*, 6 (10), 26 octobre 2011, p. 33.
15. T. Auvray, T. Dallery, S.Rigot, *L'Entreprise liquidée*, Michalon, 2016, p. 184

16. Communiqué de presse de la Commission européenne, Bruxelles, 6 juin 2012.
17. Fiscal Monitor, « Back to Work: How Fiscal Policy Can Help », Fonds monétaire international, Washington, octobre 2014, p. 71.
18. Collectif pour un audit citoyen de la dette publique (Cac), « Que faire de la dette ? Un audit de la dette publique de la France », 27 mai 2014, p. 23.
19. Lord Adair Turner, *Reprendre le contrôle de la dette. Pour une réforme radicale du système financier*, Les Éditions de l'Atelier, 2017, p. 18.
20. En faveur d'un allègement de la dette en Grèce, le FMI est régulièrement en opposition avec le gouvernement allemand qui refuse tout allègement.
21. Donnée Eurostat.
22. Tassos Giannitsis, Stavros Zografakis, « Greece: Solidarity and Adjustment in Times of Crisis », Macroeconomic Policy Institute, mars 2015, p. 34.
23. Hellenic Statistical Authority, « Risk of Poverty 2016. Survey on Income and Living Conditions », communiqué de presse, 23 juin 2017, p. 13.
24. Témoignage spécialement recueilli pour ce carnet par Marina Rafenberg, pigiste pour l'AFP et journaliste correspondante en Grèce pour *L'Express*, *Le Journal du dimanche* et *Le Monde*.
25. *Idem.*
26. Groupe d'experts de haut niveau sur la réforme structurelle du secteur bancaire de l'Union européenne présidé par Erkki Liikanen, rapport final, 2 octobre 2012, p. 3.
27. Chiffre obtenu auprès du service de presse du Bureau des règlements internationaux. Il correspond à une moyenne obtenue avec les données d'avril 2016.
28. F. Morin, *L'Hydre mondiale*, *op. cit.*, p. 20.
29. Thierry Philipponnat, *Le Capital, de l'abondance à l'utilité*, Rue de l'Échiquier, 2017, p. 43.
30. Nous avons sollicité une dizaine d'économistes défendant l'efficience des marchés.

31. Groupe d'experts de haut niveau sur la réforme structurelle du secteur bancaire de l'Union européenne présidé par Erkki Liikanen, rapport final, 2 octobre 2012, p. 120.
32. Chiffre obtenu auprès du service de presse de Bureau des règlements internationaux.
33. Boris Cournède, Oliver Denk, Peter Hoeller, « Finance and Inclusive Growth: How to restore a healthy financial sector that supports long-lasting, inclusive growth? », *OECD Economic Policy Paper*, n° 14, 1er juin 2015, p. 27.
34. *Ibid.*
35. Hamid Boustanifar, Everett Grant, Ariell Reshef, « Wages and Human Capital in Finance: International Evidence, 1970-2005 », Working Paper, University of Virginia, octobre 2014.
36. Bilan social Société générale 2014 (2015).
37. Témoignage réalisé en 2011 dans le cadre d'un reportage pour le journal de TF1.
38. Conférence des Nations unies sur le commerce et le développement.
39. David Bicchetti, Nicolas Maystre, « The synchronized and long-lasting structural change on commodity markets: Evidence from high frequency data », *Algorithmic Finance*, vol. 2, n° 3-4, 2013, p. 233-239.
40. La Banque mondiale, rapport sur les prix alimentaires mondiaux, avril 2011, p. 1.
41. *Cf.* Pierre Rabhi, Juliette Duquesne, *Les Semences, un patrimoine vital en voie de disparition*, Presses du Châtelet, 2017.
42. TEEB, *L'Économie des écosystèmes et de la biodiversité. Intégration de l'économie de la nature. Une synthèse de l'approche, des conclusions et des recommandations de la TEEB*, 2010, p. 11.
43. Robert Costanza *et al.*, « The value of the world's ecosystem services and natural capital », *Nature*, vol. 387, 15 mai 1997, p. 253.
44. Jutta Kill, *Economic Valuation of Nature. The Price to Pay for Conservation? A Critical Exploration*, Rosa Luxemburg-Stiftung

Brussels Office, No Financialization of Nature Network, juin 2014, p. 37.
45. *Mobiliser les financements pour le climat. Une feuille de route pour financer une économie décarbonée*, rapport de la commission Pascal Canfin-Alain Grandjean, La Documentation française, juin 2015.

II. LES MOYENS D'EXPANSION DE LA FINANCE

1. F. Morin, *L'Hydre mondiale*, *op. cit.*, p. 40.
2. Interview réalisée en 2012 pour le journal de TF1.
3. Donnée obtenue par le service de presse de Polytechnique.
4. Donnée obtenue par le service de presse de l'École des ponts et chaussées.
5. Discours d'Andrew Haldane, directeur exécutif à la Bank of England, Oxford China Business Forum, Pékin, 9 septembre 2010, p 16.
6. Donnée fournie par Finance Watch. Ce chiffre n'est pas facile à vérifier et suscite de nombreux débats entre économistes. Il est notamment cité par Paul Farrow (« How long does the average share holding last? Just 22 seconds », *The Telegraph*, 18 janvier 2012), qui attribue cette information à Michael Hudson, ancien économiste de Wall Street.
7. Donnée fournie par l'Autorité des marchés financiers.
8. *Ibid.*
9. Rapport du syndicat national Solidaires Finances publiques, « Évasions et fraudes fiscales, contrôle fiscal », janvier 2013, p. 20.
10. « L'imposition des entreprises multinationales », note de synthèse, OCDE, octobre 2015.
11. Interview réalisée en 2013 pour le journal de TF1.
12. Christian Chavagneux, « Combattre les paradis fiscaux », rapport pour Eva Joly, députée européenne du groupe Verts/ALE, mars 2015, p. 33.
13. Communiqué de presse Oxfam, 25 mars 2017.

14. C. Chavagneux, « Combattre les paradis fiscaux », *op. cit.*, p. 35.
15. Communiqué de presse, OCDE, 5 juillet 2017.
16. *Lutter contre l'érosion de la base d'imposition et le transfert de bénéfices*, Éditions OCDE, 2013, p. 57.
17. Donnée fournie par l'OCDE.

III. LA DIFFICILE RÉFORME DES MARCHÉS FINANCIERS

1. Chiffre vérifié auprès de l'économiste Laurence Scialom et de Finance Watch.
2. US Securities and Exchange Commission, « Annual report on nationally recognized statistical rating organizations », 2012, p. 8.
3. Financial Stability Board, Global Shadow Banking Monitoring Report 2016, 2017, p. 3.
4. OPCVM : organisme de placement collectif en valeurs mobilières.
5. À l'audition du 30 janvier 2013 de la commission des finances de l'Assemblée nationale, Frédéric Oudéa a affirmé : « Nous estimons que, si en 2006-2007, 15 % des activités relevaient des activités de marché, parmi lesquelles 15 % à 20 % pouvaient être classées comme déconnectées de la clientèle, et par conséquent transférées à une filiale, cette proportion est désormais inférieure à 10 %, se situant autour de 3,5 % à 5 % en moyenne. Moins de 10 % des 15 % du total que représentent les activités de marché pourraient donc être filialisés. »
6. Amendement n° 256 du 13 décembre 2016, Assemblée nationale, p. 1.
7. Corporate Europe Observatory (CEO), The Austrian Federal Chamber of Labour (Arbeiterkammer) and The Austrian Trade Union Federation (ÖGB), *The Fire Power of the Financial Lobby*, 2014, p. 1.

8. Interview réalisée en 2014 pour le journal de TF1.
9. Luc Rouban, « L'Inspection générale des Finances, 1958-2008 : pantouflage et renouveau des stratégies élitaires », *Sociologies pratiques*, 2010, 2, n° 21, p. 25.
10. Pour plus de détails : Joël Moret-Bailly, Hélène Ruiz Fabri, Laurence Scialom, « Les conflits d'intérêts, nouvelle frontière de la démocratie », Terra Nova, 3 février 2017.
11. Benjamin Coriat et Christopher Lantenois, « Crise, faillite et défaut : économie et politique de la restructuration de la dette islandaise », Les Économistes atterrés, 20 mars 2011, p. 5.
12. *Ibid.*, p. 15.
13. Chiffre fourni par le procureur du district en Islande.

IV. L'ÉMERGENCE D'UNE AUTRE FINANCE

1. Chiffre fourni par le service de presse de Finansol.
2. *Idem.*
3. Donnée fournie par le service de presse de Novethic.
4. Baromètre du *crowdfunding*, 2016, Financement participatif France.
5. Chiffre fourni par Kisskissbankbank.
6. Chiffre fourni par Finansol.
7. Interview réalisée en 2012 pour le journal de TF1.

Entretien avec Pierre Rabhi

1. Juliette Duquesne, Pierre Rabhi, *Pour en finir avec la faim dans le monde*, Presses du Châtelet, 2017.

Lexique

Capitalisation boursière : correspond à la valeur de l'ensemble des actions d'une entreprise cotée, en circulation sur le marché. Pour l'obtenir, il suffit de multiplier le nombre d'actions par le cours de Bourse de l'action.

Cds : les *credit default swaps*, contrats sur le risque de défaut, sont des dérivés de crédits. Créés dans les années 2000, ces produits procurent une assurance contre la défaillance d'un emprunteur. Ils permettent, entre autres, de séparer le risque de crédit de la créance. Le CDS peut être utilisé soit pour couvrir un risque de crédit encouru, soit pour spéculer sur la faillite d'un emprunteur. Dans ce dernier cas, les techniciens parleront de « CDS à nu », ce qui signifie simplement que son détenteur a acquis l'assurance (le CDS), alors qu'il n'avait aucun risque à assurer (il ne subissait pas de risque de crédit). La pratique du CDS à nu peut être comparée à un investisseur qui achèterait l'assurance de votre maison sans la posséder et qui ensuite parierait sur le fait que votre maison va brûler. Les CDS à nu ont été interdits par l'Union européenne pour les dettes souveraines.

Cotation : désigne l'entrée en Bourse d'un titre. Par ce biais, une entreprise peut lever des fonds. Les actionnaires peuvent revendre leurs parts plus facilement. La cotation résulte de l'offre et de la demande d'un titre.

Crise des subprimes : dans les années 2000, de nouveaux types de crédits hypothécaires ont été accordés à des ménages modestes américains. Ces familles se sont retrouvées dans l'impossibilité de payer lorsque les taux ont grimpé. Beaucoup trop de prêts avaient été accordés. Les crises financières partent souvent de l'immobilier. Mais cette fois, notamment par le biais de la titrisation, ces produits financiers ont été disséminés sur l'ensemble du système bancaire et financier. Ces produits financiers complexes et toxiques étaient tellement opaques que personne ne savait qui les possédait. Des banques du monde entier se sont retrouvées détentrices de ces produits financiers sans aucune valeur, car ils étaient adossés à des crédits de ménages qui étaient devenus insolvables. En 2008, 25 % de la capitalisation boursière a disparu*. Aux États-Unis, de nombreuses banques ont fait faillite, dont Lehmann Brothers.

Finance, marchés financiers : il est parfois difficile pour le grand public de cerner ce qui se cache derrière ces mots. La finance est devenue un mot tellement galvaudé. La finance est un secteur économique qui gère l'argent sous ses différentes formes et les risques. Les marchés financiers sont un lieu où s'échange du capital, de l'argent de plusieurs façons. Le marché primaire est le lieu où l'on crée des titres. Une entreprise cherche un moyen de se financer. Elle émet des actions. En achetant ses actions, l'investisseur devient propriétaire d'une partie de la société. Une entreprise ou un État peut aussi émettre des obligations, un titre de dette à moyen ou long terme. Sur le marché secondaire, les différents acteurs revendent ces titres. Les principaux acteurs des marchés financiers, ceux qui achètent et vendent des titres, sont des professionnels : des banques, des fonds d'investissements, des assureurs... Les particuliers qui investissent directement sur les marchés sont peu nombreux. À l'origine, les marchés financiers permettent de mettre en relation ceux qui ont besoin d'argent avec d'autres qui souhaitent investir. Les différents titres permettent de disposer de l'argent à différents moments, avec une rentabilité qui varie selon les risques.

---

* L. A. Turner, *Reprendre le contrôle de la dette*, *op. cit.*, p. 10

Fonds de pension : investisseurs institutionnels, ils gèrent l'épargne qui leur est confiée en vue de la retraite des personnes (salariés, fonctionnaires, travailleurs indépendants...) auxquelles elle sera redistribuée. Il s'agit donc d'une privatisation du système de retraite, à l'origine géré par les États. Ce système s'est considérablement développé ces dernières décennies. Les fonds de pension, notamment américains, sont des actionnaires importants des entreprises cotées en Bourse.

Liquidité : elle désigne le fait que les titres financiers peuvent être achetés ou vendus n'importe où et à n'importe quel moment. « Sur les marchés financiers, la liquidité est un concept central. Elle est pour partie favorable et pour partie défavorable, explique André Orléan. Si vous effectuez un investissement qui n'est pas liquide, il est immobilisé : c'est une forte contrainte pour celui qui le possède. À tout moment, s'il a besoin d'argent, il ne peut en avoir. La liquidité est un élément rassurant pour l'investisseur. Mais la contrepartie de ce gain est que la liquidité conduit l'investisseur à se focaliser sur le court terme plus que sur le long terme. »

Produits dérivés : À l'origine, ces produits financiers sont utiles pour couvrir des risques. Par crainte que le dollar augmente, un exportateur de biens peut, par exemple, se couvrir en achetant du dollar qu'on lui livrera dans plusieurs mois, mais dont la valeur est fixée aujourd'hui. L'entrepreneur n'achète pas directement du dollar, mais un instrument financier. De même, ces instruments sont nécessaires aux agriculteurs qui s'assurent du prix de leur récolte. Mais aujourd'hui, dans la très grande majorité des cas, ces produits sont purement spéculatifs. Ils n'ont aucun lien avec l'économie réelle.

Titrisation : cette technique offre la possibilité de transformer des actifs comme des créances en titres financiers et de les revendre à d'autres sociétés. Elle permet de sortir ces actifs du bilan de la banque : les opérations ne sont pas comptabilisées dans le bilan comptable des établissements bancaires. La titrisation permet donc d'échapper à certaines obligations règlementaires, notamment à celle de fonds propres. Ces paquets d'actifs peuvent avoir des tranches avec des actifs plus ou moins risqués. Un même actif risqué peut se retrouver dans différents paquets. Avant la crise des subprimes, les financiers ont cru qu'avec cette technique on pouvait disséminer le risque. Mais c'est exactement l'inverse qui s'est produit. Les produits étaient si complexes que plus aucun acteur ne savait quels titres il détenait. Même les banquiers en étaient incapables.

Liste des personnes interrogées et citées

Akrim Saïd, salarié chez Sanofi.
Albizzati Amandine, en charge des relations institutionnelles à la Nef.
Amor Josette, fondatrice d'Épargne en conscience.
Auvray Tristan, économiste.
Bancel Jean-Louis, président du groupe Crédit coopératif.
Barnier Michel, homme politique.
Bataille Fabien, épargnant solidaire.
Beffa Jean-Louis, président d'honneur de l'entreprise Saint-Gobain.
Béguin Sébastien, ancien manager chez Euronext.
Berruyer Olivier, actuaire.
Bicchetti David, économiste à la Cnuced.
Bodin Thierry, coordinateur syndical CGT de Sanofi.
Bouleau Nicolas, mathématicien.
Canfin Pascal, directeur de l'association WWF.
Chavagneux Christian, éditorialiste pour *Alternatives économiques*.
Chevalier Christophe, PDG du Groupe Archer.
Combes Maxime, économiste.
Couppey-Soubeyran Jézabel, économiste.
Cournède Boris, économiste.
Coutrot Thomas, économiste.

DEMENTHON Denis, directeur général de France active.

DUPON André, président exécutif du groupe Vitamine T.

FEYDEL Sandrine, journaliste.

GAILLARD Norbert, économiste et consultant indépendant.

GIRAUD Gaël, économiste en chef de l'AFD.

GODIN Romaric, journaliste spécialiste de la macroéconomie et des questions financières.

GRANDJEAN Alain, économiste.

GUERRERO Julien, épargnant solidaire.

GUILLOT Philippe, directeur de la direction des marchés à l'AMF.

GWENAËLLE, conseillère à la Société générale.

HACHE Fréderic, ancien responsable de l'analyse politique de Finance Watch.

HENROTTE Philippe, cofondateur d'ITO 33.

HUSSON-TRAORE Anne-Catherine, directrice générale de Novethic.

KORDOULIS Giorgos et Yioulia, famille grecque de classe moyenne.

LALLEMAND Benoît, secrétaire général de Finance Watch.

LALUCQ Aurore, cofondatrice de l'institut Velben.

LAMBOLEZ Arnaud, représentant national CFDT de la Société générale.

LEMOINE Benjamin, sociologue.

MONSELLATO Gianmarco, avocat fiscaliste spécialiste des grands groupes.

MORIN François, économiste.

MULDER Joost, ancien lobbyiste bancaire.

NAULOT Jean-Michel, ancien banquier d'affaires et régulateur.

NIJDAM Christophe, spécialiste bancaire.

NOILLEAU Laurent, agriculteur.

ORLÉAN André, économiste.

Passet Olivier, directeur de synthèse chez Xerfi.
Philipponnat Thierry, directeur de l'institut Friedland.
Plihon Dominique, économiste.
Rebérioux Antoine, économiste.
Reshef Ariell, économiste.
Ricordeau Vincent, cofondateur de Kisskissbankbank.
Saint-Amans Pascal, directeur du Centre de politique et d'administration fiscales de l'OCDE.
Sallé Michel, spécialiste de l'Islande.
Scialom Laurence, économiste.
Sefertzis Georges, politologue grec.
Thesmar David, économiste.
Tiberghien Fréderic, président de Finansol.
Tordjman Hélène, économiste.
Watrinet Lucile, chargée de plaidoyer pour l'association CCFD-Terre solidaire.

Bibliographie

Alternatives économiques, hors-série « Pour une autre économie », 2010.
—, hors-série « Regards d'économistes sur l'économie sociale et solidaire », 2013.
Artis Amélie, *La Finance solidaire*, Michel Houdiard éditeur, 2012.
Attac et Basta, *Le Livre noir des banques*, Les Liens qui libèrent, 2015.
Auvray Tristan, Dallery Thomas, Rigot Sandra, *L'Entreprise liquidée, la finance contre l'investissement*, Michalon, 2016.
Beffa Jean-Louis, *La France doit choisir*, Seuil, 2012.
Berruyer Olivier, *Les faits sont têtus*, Les Arènes, 2013.
Chavagneux Christian, Palan Ronen, *Les Paradis fiscaux*, La Découverte, 2016.
Chavagneux Christian, Philipponnat Thierry, *La Capture*, La Découverte, 2014.
Comité pour l'histoire économique et financière de la France, *La Dette publique dans l'Histoire*, Paris, 2006.
Couppey-Soubeyrand Jézabel, *Blablabanque, le discours de l'inaction*, Michalon éditeur, 2015.
Feydel Sandrine, Bonneuil Christophe, *Prédation, Nature, le nouvel eldorado*, La Découverte, 2015.

GADREY Jean, LALUCQ Aurore, *Faut-il donner un prix à la nature ?*, Les Petits Matins/Institut Velben, 2015.

GAILLARD Norbert, *Les Agences de notation*, La Découverte, 2010.

GIRAUD Gaël, *Illusion financière*, Les Éditions de l'Atelier, 2012.

LALUCQ Aurore, *Les Banquiers contre les banques*, Charles Léopold Mayer, 2015.

LANDIER Auguste, THESMAR David, *Dix idées qui coulent la France*, Flammarion, 2013.

LEMOINE Benjamin, *L'Ordre de la dette. Enquête sur les infortunes de l'État et la prospérité du marché*, La Découverte, 2016.

LORDON Fréderic, *Jusqu'à quand ? Pour en finir avec les crises financières*, Éd. Raisons d'agir, 2008.

MORIN François, *L'Hydre mondiale. L'oligopole bancaire*, Lux éditeur, 2015.

NAULOT Jean-Michel, *Crise financière : pourquoi les gouvernements ne font rien*, Seuil, 2013.

—, *Éviter l'effondrement*, Seuil, 2017.

ORLÉAN André, *Le Pouvoir de la finance*, Odile Jacob, 1999.

—, *L'Empire de la valeur*, Seuil, 2011.

PHILIPPONNAT Thierry, *Le Capital : de l'abondance à l'utilité*, Rue de l'Échiquier, 2017.

PLIHON Dominique, *Le Nouveau Capitalisme*, La Découverte, 2009.

RICHÉ Pascal, *Comment l'Islande a vaincu la crise. Reportage dans le labo de l'Europe*, Versilio/Rue89, 2013.

ROCHE Marc, *Les Banksters. Voyage chez mes amis capitalistes*, Albin Michel, 2014.

SALLÉ Michel, *L'Islande*, Karthala, 2013.

TALEB Nassim-Nicholas, *Le Cygne noir, la puissance l'imprévisible*, Les Belles Lettres, 2011.

THESMAR David (dir.), *La Fin de la dictature des marchés des financiers ?*, Puf, 2015.

TRICORNOT Adrien de, THÉPOT Mathias, DEDIEU Franck, *Mon amie, c'est la finance !*, Bayard, 2014.

TURNER Lord Adair, *Reprendre le contrôle de la dette. Pour une réforme radicale du système financier*, Les Éditions de l'Atelier, 2017.

ZUCMAN Gabriel, *La Richesse cachée des nations. Enquête sur les paradis fiscaux*, Seuil, 2013.

SITOGRAPHIE

www.attac.org
www.bis.org
www.credit-cooperatif.coop
www.les-crises.fr
www.epargne-en-conscience.fr
www.finance-watch.org
www.finansol.org
www.franceactive.org
www.julietteduquesne.fr
www.lanef.com
www.nicolasbouleau.eu
www.novethic.fr
www.pierrerabhi.org
www.startupdeterritoire.fr

Table

Deuxième partie

LES MOYENS D'EXPANSION DE LA FINANCE

Troisième partie

LA DIFFICILE RÉFORME DES MARCHÉS FINANCIERS

Quatrième partie

L'ÉMERGENCE D'UNE AUTRE FINANCE

Des mêmes auteurs
chez le même éditeur

LES SEMENCES
Un patrimoine mondial en voie de disparition

75 % des variétés de semences ont disparu en un siècle. Or elles sont la base même de la vie. Comment expliquer, alors, que ce sujet crucial ait été si longtemps maintenu hors de portée et de compréhension du grand public ?

La réglementation, il est vrai, est particulièrement complexe. Mais surtout, celui qui possède la semence contrôle toute la chaîne alimentaire. Détenir ce marché mondial représente des enjeux financiers colossaux.

Cette appropriation du bien commun a commencé à se mettre en place, il y a plus de cinquante ans, avec les semences industrielles. Aujourd'hui, elle s'accentue avec les OGM et les « nouveaux OGM », privant des paysans du monde entier du droit élémentaire de cultiver leurs propres graines.

Comment et pourquoi ce bien si précieux, qui devrait appartenir à tous, a-t-il été privatisé ? Quelles sont les conséquences avérées d'une telle logique ? Quels risques fait-elle courir à la nature, dont l'être humain est lui-même une composante ? Telles sont les questions, vitales pour notre avenir, abordées dans ce carnet.

ISBN 978-2-84592-704-9 / H 41-3977-1 / 12 €

POUR EN FINIR AVEC LA FAIM DANS LE MONDE

Afin de justifier l'agriculture intensive, certains nous expliquent que, depuis cinquante ans, la faim dans le monde a diminué. Et qu'il est impossible de nourrir 7 milliards d'humains grâce aux techniques respectueuses de l'environnement.

Comment justifier qu'aujourd'hui des enfants, des femmes et des hommes meurent encore de faim ? Et surtout, comment mettre un terme à ce délit collectif insoutenable ?

Entre surabondance et pénurie, le système alimentaire mondial actuel est en échec. Pour faire face à l'augmentation de la population et à la dégradation de l'environnement, des choix urgents s'imposent.

L'agroécologie, qui ne requiert aucun pesticide chimique, est parfaitement adaptée à la condition souvent précaire des paysans. Elle est la solution pour, enfin, éradiquer la faim dans le monde.

Issu d'une enquête approfondie, ce livre propose des solutions. Car il est possible de nourrir tous les enfants que porte notre Terre.

ISBN 978-2-84592-703-2 / H 41-3964-7-1 / 12 €

Cet ouvrage a été composé
Par Soft Office (à Eybens)

Impression réalisée par
CPI France
en octobre 2017
pour le compte des Presses du Châtelet

Imprimé en France
N° d'impression : 3024662
Dépôt légal : novembre 2017